Hannes Androsch
Herbert Krejci
Peter Weiser
Herausgeber

Das Neue Österreich.**Denkanstöße**

Carl Gerold's Sohn Verlagsbuchhandlung

Das Neue Österreich.
Denkanstöße

Hannes Androsch
Herbert Krejci
Peter Weiser

Herausgeber

© 2006 by **Carl Gerold's Sohn Verlagsbuchhandlung KG**, 1080 Wien | © **Covermotiv**: Fuhrer Visuelle Gestaltung OEG, 1070 Wien; ART+COM, Berlin | **Herausgeber**: Dr. Hannes Androsch, Prof. Herbert Krejci, Prof. Peter Weiser
Lektorat: Vera Ribarich | **Layout**: Klara Königswieser, 1080 Wien | **Druck**: Druckerei Berger, 3580 Horn.
ISBN: 3-900812-12-8 |

Das Neue Österreich. **Denkanstöße**

Inhaltsverzeichnis

Hannes Androsch, Herbert Krejci, Peter Weiser

Zeitgeschichte mit Zukunftsperspektiven

Als Proponenten der Staatsvertragsausstellung „Das Neue Österreich", die 2005 im Oberen Belvedere aus Anlass 60 Jahre Kriegsende, 50 Jahre Staatsvertrag und 10 Jahre EU-Mitgliedschaft gezeigt wurde, war und bleibt es uns ein besonderes Anliegen, die Präsentation der Zeitgeschichte um die Dimension Zukunft zu bereichern. Denn ohne Herkunft keine Zukunft. Ein italienisches Sprichwort sagt: „Der Kluge horcht in die Vergangenheit, denkt an die Zukunft und handelt in der Gegenwart."

Österreich hat das Gedenkjahr 2005 würdig und ohne Pathos, ohne Beweihräucherung, Beknirschung oder Wehleidigkeit als Ausdruck sinnvoller Erinnerungskultur begangen. Besonders erfreulich war das rege Interesse der Bevölkerung an den fast unüberschaubar vielen Ausstellungen und Veranstaltungen, die aus Anlass der Fünfzig-Jahr-Feier der Unterzeichnung des Staatsvertrages ausgerichtet und durch eine Vielzahl von medialen Berichten und Publikationen ergänzt wurden.

Aus der Fülle des Gebotenen seien herausgegriffen: Die vierteilige Fernsehdokumentation von Hugo Portisch mit 4,5 Mio. Zusehern. Das hochrangige Symposion der Österreichischen Akademie der Wissenschaften über den Staatsvertrag. Die von Hubert C. Ehalt zum Jubiläumsjahr organisierten und inzwischen veröffentlichten „Wiener Vorlesungen". Das von Oliver Rathkolb verfasste Buch „Die paradoxe Republik. Österreich 1945 – 2005". Die gelungene Ausstellung „Österreich ist frei" auf der Schallaburg in Niederösterreich mit über 200.000 Besuchern. Die glänzende Ausstellung im Jüdischen Museum im Wien, deren Titel „Jetzt is er bös, der Tennenbaum" ein Zitat aus Helmut Qualtingers „Der Herr Karl" ist. Und schließlich die zentrale Ausstellung „Das Neue Österreich" im Schloss Belvedere, die von 310.000 Menschen besucht wurde, darunter fast 1.500 Schulkassen mit rund 50.000 Schülern.

Insbesondere diese Ausstellung hat sich dem Werdegang unseres Landes in all seinen Höhen und Tiefen sowie den geschichtlichen Wechselwirkungen in spannender Form gewidmet.

Sie begann mit der Vorgeschichte zum Ersten Weltkrieg, der Urkatastrophe des 20. Jahrhunderts. Sie rief das politisch gespaltene Armenhaus der Ersten Republik mit der entsetzlichen Arbeitslosigkeit im Gefolge der Weltwirtschaftskrise in Erinnerung. Sie zeigte die Diktatur des Austrofaschismus unter Dollfuß – Täter und Opfer in einer Person – , den Weg unter Schuschnigg bis zum beschämenden Jubel auf dem Heldenplatz und die sieben Jahre, in denen Österreich als Staat nicht existierte. Sie erinnerte an die Naziherrschaft und an den Zweiten Weltkrieg, an die immensen Zerstörungen, an das unsägliche Leid und an die zahllosen Opfer des Krieges, der Verfolgungen und der KZ-Vernichtungslager. Sie klammerte die trotz Marshall-Plan-Hilfe lastvollen zehn Jahre der Alliierten Besatzung nicht aus. Sie verdeutlichte, dass der Staatsvertrag eigentlich das Ergebnis der „Gunst der Stunde", eines „window of opportunity" im Interessengeflecht des Kalten Krieges war und schilderte den wirtschaftlichen und politisch-demokratischen Aufstieg Österreichs als inzwischen integrierten Teil Europas.

All diese Aktivitäten verfolgten ein gemeinsames Ziel: Erinnerung und Verständnis ohne Beschönigung, ohne Selbstgefälligkeit, aber auch ohne Selbstgeißelung für die Vergangenheit. Aber vor allem auch, aus der Erfolgsstory der Zweiten Republik Vertrauen für die Gestaltung der Zukunft in einer europäisierten und globalisierten Welt zu gewinnen.

Wir möchten diese Gelegenheit nutzen, um allen, die zum Werden und zum Gelingen dieser Ausstellung beigetragen haben, unseren herzlichen Dank auszusprechen.

Ein englischer Besucher hat in einem der sieben Gästebücher der Staatsvertrags-Ausstellung angemerkt: „I wish all countries could be as honest about their past and as hopeful about their future." („Ich wünschte, alle Länder könnten so ehrlich mit ihrer Vergangenheit und so hoffnungsvoll für ihre Zukunft sein.")

Weil aber, um ein Wort des ehemaligen britischen Premierministers Harold Macmillan zu variieren, Geschichte ein Sprungbrett und kein Ruhekissen sein soll, haben wir eine Vortragsreihe im Rahmen der Ausstellung initiiert, die Kernfragen für die Zukunft Österreichs zum Inhalt hatte. Diese Vortragsreihe wurde mit einer kritischen Bilanz des Gedenk- und Gedankenjahres abgeschlossen.

Die einzelnen Vorträge liegen nunmehr auch in gedruckter Form als Denkanstöße für ein interessiertes Lesepublikum vor.

Im ersten Beitrag befasst sich der langjährige Generalsekretär des Außenministeriums, Botschafter a. D. Dr. Albert Rohan, mit dem Thema „Quo vadis Austria?". Albert Rohan ist einer der hervorragendsten Kenner der Probleme des Balkans und stellt seit kurzem seine Erfahrungen in einer für Österreich sehr ehrenvollen Funktion in der von der UNO eingesetzten Kosovo-Plattform zur Verfügung.

„Die Zukunft Österreichs in Europa“ wird von Univ. Prof. Dr. Karl Aiginger, Leiter des Österreichischen Institutes für Wirtschaftsforschung, aus wirtschaftlicher Sicht betrachtet. Seine ebenso nüchternen wie auch ermutigenden Analysen werden durch eine Fülle aussagekräftiger Statistiken untermauert.

Bildung, Forschung und Wissenschaft sind der zentrale Faktor für die Wettbewerbs- und Überlebensfähigkeit einer Volkswirtschaft. Hier ist dringender Handlungsbedarf angesagt, wie der Leiter der ersten PISA-Studie, a.o. Univ. Prof. DDr. Günter Haider, in seinem kurzweilig geschriebenen Beitrag untermauert.

Den Abschluss der vierteiligen Artikelserie bildet die kritische Sicht einer Grundfrage des Gedankenjahres: „Erinnern und Vergessen“. Der weit über unsere Landesgrenzen hinaus bekannte und anerkannte Historiker und Journalist Dr. Peter Huemer behandelt in seinem Beitrag Soll und Haben des an Ereignissen und Erkenntnissen gewichtigen Jahres 2005.

Die Zweite Republik wurde trotz aller Unvollkommenheiten zur Erfolgsstory. Wenn Österreich seinen Weg fortsetzen will, müssen in weitaus stärkerem Maße als bislang die Herausforderungen der Zukunft angenommen, die Weichen gestellt und Handlungsinitiativen gesetzt werden.

Dafür wollen wir uns gemeinsam mit Ihnen weiterhin einsetzen!

Hubert Christian Ehalt

Für ein erfolgreiches Österreich in einem gestärkten Europa

Das Nachdenken über die eigene Geschichte ist für Individuen ebenso wichtig wie für Gruppen und Institutionen, für große und kleine politische Einheiten. Geschichte im Sinne von wissenschaftlich fundierter Nachdenkarbeit über die Vergangenheit ist „die geistige Form, in der sich eine Kultur über ihre Vergangenheit Rechenschaft gibt" (Johan Huizinga). Die Identifizierung von Stärken und Schwächen „des Eigenen" gibt Selbstbewusstsein und Identität, eröffnet aber auch einen Blick auf die blinden Flecken und auf Versäumnisse. Die kritische Bilanz ist die Grundlage für eine Orientierung heute und für eine Kursbestimmung für morgen.

Ein kritischer Umgang mit Geschichte hat weniger die Aufgabe, das große Puzzle der historischen Wahrheit als endgültigen Befund – „wie es eigentlich gewesen" (Leopold von Ranke) – fertig zu stellen; es geht vielmehr um die permanente Auseinandersetzung mit Positionen und Perspektiven im Hinblick auf aktuelle Probleme und Aufgabenstellungen. Die Österreicherinnen und Österreicher haben im 20. Jahrhundert fünf politische Systeme – Monarchie, Diktaturen und Demokratie – erlebt. Die Bürgerinnen und Bürger fanden sich in einer Situation, die die Ausbildung einer zivilcouragierten Haltung jedenfalls nicht begünstigt hat. Die Öffnung der österreichischen Gesellschaft seit den 70er Jahren des 20. Jahrhunderts hat neue Voraussetzungen für eine selbstbewusste Bürgerschaft geschaffen. Eine offene und kritische Bilanz aus der Sicht des demokratischen Österreich, das Teil der Europäischen Union ist, die gegenwärtig um Identität und Verfassung ringt, ist möglich geworden und ein Gebot der Stunde.

Im Jahr 2005 haben Hannes Androsch, Herbert Krejci und Peter Weiser als Initiatoren mit substanzieller Unterstützung des Bundes, der Stadt Wien und privater Sponsoren eine eindrucksvolle Ausstellung zur österreichischen Geschichte des 20. Jahrhunderts initiiert. Die Ausstellung hat viele Besucherinnen und Besucher aus Wien, aus Österreich, aus Europa und anderen Staaten der Welt erreicht; der Ausstellung ist gelungen, was bei historischen Ausstellungen zu nationalen Fragen selten gelingt: die Stationen und Situationen, Zäsuren und Entwicklungen der österreichischen Geschichte wurden als Teil der europäischen und der Weltgeschichte erinnerbar und sichtbar. Die Ausstellung stiftete Gespräche und Diskussionen zwischen Jung und Alt, zwischen Männern und Frauen, zwischen Wienerinnen und Wienern, Österreicherinnen und Österreichern, Europäerinnen und Europäern und Gästen aus fernen Ländern.

Die Ausstellung war auch der Ort einer Reihe von Vorträgen und Diskussionen, deren Zielsetzung es war, konzeptive, kreative und kritische Blicke auf die Entwicklung Österreichs und Europas im 21. Jahrhundert zu eröffnen. Die Initiatoren der Ausstellung und der Vortragsreihe, Hannes Androsch, Herbert Krejci und Peter Weiser, haben gemeinsam, dass sie von unterschiedlichen Positionen aus österreichische Geschichte gestaltet, aber auch beschrieben, diskutiert und kritisch reflektiert haben. Androsch, Krejci und Weiser gehören jener raren Gattung der Citoyens an, die eine fundierte Meinung haben und diese, auch wenn sie gegen den Mainstream ist, in öffentliche Debatten einbringen. Ihre Ideen, Positionen und ihre Kritik sind in vielen Büchern, Artikeln und Medienberichten nachlesbar. Für den vorliegenden Band haben sie Beiträge zusammengestellt, die Wege und Perspektiven eines selbstbewussten und erfolgreichen Österreich in einem gestärkten Europa darstellen.

Albert Rohan

Quo vadis Europa?

Der negative Ausgang der Verfassungsreferenden in Frankreich und den Niederlanden hat in Europa eine Krise ausgelöst, oder besser gesagt, die politische Öffentlichkeit und die Entscheidungsträger wurden sich bewusst, dass sich Europa in einer Krise befindet. In Wahrheit geht diese schon längere Zeit zurück und ist mit der mangelnden Fähigkeit Europas verbunden, sich an die neuen weltpolitischen Gegebenheiten nach Beendigung des Kalten Krieges und an die Globalisierung aller Lebensbereiche voll anzupassen. Eine Postreferendum-Analyse, die von Eurobarometer sowohl für Frankreich wie auch für die Niederlande veröffentlicht wurde, lässt zwei große Motive für das negative Votum erkennen. Zum einen ist es eine wirtschaftlich-soziale Malaise, die Furcht vor Arbeitslosigkeit und Sozialabbau sowie der Wunsch, den Regierenden die rote Karte zu zeigen. Dieses Motiv war vor allem in Frankreich festzustellen. Die zweite Motivgruppe ist die Angst vor einer Aufgabe weiterer Souveränitätsrechte und die Ablehnung einer Vertiefung des Integrationsprozesses. Dieses Motiv war vor allem in den Niederlanden zu erkennen, gemeinsam mit dem Gefühl, nicht ausreichend über den Verfassungsvertrag informiert worden zu sein. Das Positive an diesen Meinungsumfragen war, dass sich die Menschen sowohl in Frankreich wie auch in den Niederlanden weiterhin für die EU-Mitgliedschaft ihres Landes aussprechen und auch das europäische Konstrukt, das europäische Projekt unterstützen. Der Erweiterungsprozess, also die Furcht vor künftigen Erweiterungen, wurde nur von einem verschwindenden Teil der Befragten als Motiv für ihr „Nein" angegeben, nämlich in Frankreich von 3 % und in den Niederlanden von 6 %.

Die britische Ratspräsidentschaft hat im Herbst 2005 einen Reflexionsprozess eingeleitet, in dem man sich mit Fragen auseinandersetzte, die schon längst hätten beantwortet werden sollen: die Frage nach der europäischen Identität, nach der europäischen Finalität,

Vortrag vom 12. Oktober 2005 im Marmorsaal des Oberen Belvedere im Rahmen der Ausstellung „Das Neue Österreich" nach den Grenzen Europas, nach der Rolle Europas in der Welt und nach der europäischen Wettbewerbsfähigkeit in einer globalisierten Welt. Zwei Dinge kann man jetzt schon vorhersagen: diese Debatte wird sicherlich in die österreichische Präsidentschaft im ersten Halbjahr 2006 hineinreichen, und ich glaube auch, dass man auf viele dieser Fragen einfach keine Antworten finden wird. Zum Teil weil es keine gibt, zum Teil weil die Meinungsverschiedenheiten unter den EU-Mitgliedsstaaten zu groß sind.

In dieser Debatte sollten folgende Überlegungen berücksichtigt werden:

1. Das größte und historische Verdienst des Integrationsprozesses besteht sicherlich darin, dass ein halbes Jahrhundert lang im integrierten Teil Europas Friede, Stabilität und Wohlstand sichergestellt werden konnten. Dies ist keine theoretische Angelegenheit, sondern etwas, das jeden einzelnen Bürger angeht und von dem frühere Generationen nur hätten träumen können. Weiters, dass durch die Aufnahme der Länder Mitteleuropas in die EU im vergangenen Jahr die unselige Teilung des Kontinents überwunden werden konnte. Ich glaube, es sollte die Priorität der Europapolitik sein, diese Friedens- und Stabilitätszone auf den gesamten Kontinent auszudehnen.

2. Europa und seine Identität lassen sich – wenn überhaupt – nur unter Heranziehung einer Vielfalt von Faktoren definieren. Dazu gehören Geographie, Geschichte, Kulturen, Zivilisation, die Religionen, der gemeinsame Rechtsbestand, die gemeinsamen Werte von Freiheit, Demokratie, Rechtsstaatlichkeit und die Achtung der Menschenrechte. Ebenso aber auch der Grundkonsens, der sich in Europa seit dem 2. Weltkrieg herausgebildet hat, wonach der Krieg als Instrument der Politik abzulehnen ist, internationale Konflikte mit friedlichen Mitteln gelöst werden sollen und globale Probleme im Rahmen einer multilateralen Zusammenarbeit zu überwinden sind. Der zweite Grundkonsens ist jener über die soziale Verantwortung der Gemeinschaft für alle Bürger, also das, was man unter dem „europäischen Sozialmodell" versteht. Keiner dieser Faktoren definiert Europa allein, alle spielen eine Rolle.

3. Die europäische Finalität, das Endprodukt des Integrationsprozesses, ist ein unbekanntes Wesen und wird es auch bleiben. Es wird mit Recht gesagt, dass die Union ein „Corpus sui Generis" ist, der sich nicht nach herkömmlichen Modellen wie Bundesstaat, Staatenbund, Wirtschaftsunion, Freihandelszone, etc. einordnen lässt. Sie ist ein lebender Organismus, der sich ständig verändert und den neuen Gegebenheiten anpasst. Es wird daher nie einen endgültigen Zustand geben. Und die Integration wird jenes Ausmaß erreichen, zu welchem die Mitgliedstaaten und ihre Bevölkerungen jeweils bereit sind. Eines kann man allerdings jetzt schon sagen: die Union hat sich wirtschaftlich, aber auch politisch soweit

entwickelt, dass der Rückfall in eine bloße Freihandelszone, wie das oft als eine Option oder Alternative im negativen Sinne erwähnt wird, völlig realitätsfremd ist.

Andererseits glaube ich, dass sich auch die Vision eines europäischen Bundesstaates, die Grundvision aller europäischen Föderalisten, nicht realisieren lassen wird. Für „Vereinigte Staaten von Europa" besteht weder unter den Entscheidungsträgern, noch in den Bevölkerungen der notwendige politische Wille. Und wenn wir an die Nachkriegszeit zurückdenken, war es nicht einmal dann und nicht einmal in einem kleinen Kreis von sechs Staaten möglich, das politische Projekt in Gang zu bringen. Sie erinnern sich wahrscheinlich, dass 1954 der Plan einer europäischen Verteidigungsgemeinschaft ironischerweise vom französischen Parlament abgelehnt wurde. Dies bedeutete einen Rückschlag für das politische Projekt, von dem es sich nicht mehr wirklich erholt hat. Man hat daher die funktionelle Methode von Jean Monet weiterverfolgt, d.h. die Integration in konkreten wirtschaftlichen Bereichen. Allerdings immer mit dem Ziel eines politischen Zusammenschlusses und in der Überzeugung, dass die wirtschaftliche Integration fast automatisch die politische auslösen werde. Heute können wir sagen, dass die Integration wirtschaftlich ein großer Erfolg war, die politische Seite jedoch weit zurückgeblieben ist, und dass die Gründe hierfür heute wie damals die gleichen sind, nämlich der mangelnde politische Wille. Heute ist auch erkennbar, dass die Bevölkerung, die Menschen, eine enge politische Union im Grunde ablehnen. Die erste Loyalität gilt dem Staat, den Regionen; man wehrt sich dagegen, Souveränitätsrechte über ein gewisses Maß hinaus an Brüssel abzugeben.

Auch hier wieder zeigen Meinungsumfragen etwas Positives, nämlich dass trotzdem die Idee einer gemeinsamen Außenpolitik und – mit Abstrichen – einer gemeinsamen Verteidigungspolitik von den Menschen unterstützt wird. Die Konklusion in dieser Frage muss sein, dass die Vereinigten Staaten von Europa eine Fata Morgana sind und wir uns daher bemühen müssen, das politische Projekt auf einem niederen Niveau in die Tat umzusetzen. Und zwar gerade soviel wie wir brauchen, um Europa eine entsprechende Rolle in der Welt zu ermöglichen. Wir sollten uns auch von der Idee verabschieden, dass die Fortschritte in der Integration automatisch kommen. Zumindest ab jetzt wird jeder Integrationsschritt eine eigene, bewusste Entscheidung verlangen.

4. Europa muss effektive Maßnahmen ergreifen, um wirtschaftlich nicht hinter anderen Regionen zurückzubleiben, die USA, Japan, aber vor allem die Wirtschaftsriesen China und Indien. Vollmundige Ankündigungen ohne realistische Durchsetzungsmöglichkeiten, wie sie in der Europäischen Union üblich waren, etwa der Stabilitätspakt oder die Lissabon-Agenda für Wirtschaftswachstum, sind zum Scheitern verurteilt und daher kontraproduktiv. Notwendig wäre, dass wir den latenten Widerstand gegen Reform und Erneuerung, den Mangel an Dynamik, an Flexibilität sowie an Innovationsfähigkeit überwinden und Bereichen wie Forschung und Entwicklung die erste Priorität einräumen. Nur so wird Europa im globalen Wettbewerb bestehen können.

Auch die Reform des Gemeinschaftsbudgets ist in diesem Zusammenhang zu sehen. Es ist, glaube ich, unerlässlich, dass das Gemeinschaftsbudget in den Dienst der neuen Prioritäten gestellt wird und dass nur zukunftsorientierte Aktivitäten aus dem Gemeinschaftsbudget finanziert werden, vor allem solche, die mit Arbeitsbeschaffung verbunden sind. Man sollte dies nicht in drei oder sechs Jahren tun, sondern sofort, ohne Tabus, und alles in Frage stellen, was es bisher im Budget gab. Wie schwierig das ist, zeigen die zaghaften Versuche der britischen Präsidentschaft.

5. Europa muss sich darauf einstellen, ein Einwanderungsgebiet zu sein. Schon heute werden in Europa etwa 1 bis 1,3 Millionen Menschen pro Jahr aufgenommen. Die sinkenden Geburtenraten und die Alterung unserer Bevölkerung werden es notwendig machen, dass sich diese Zahlen noch vergrößern. Zu berücksichtigen wird sein, dass die Immigranten aus fremden Kulturen und Sprachgebieten kommen werden, und dass dem Umgang mit dem Islam eine besondere Bedeutung und Brisanz zukommen wird. Um eine Destabilisierung unserer Gesellschaften zu verhindern, ist es daher dringend notwendig, dass die Europäische Union eine proaktive Einwanderungs- und Integrationspolitik entwickelt.

6. In der globalisierten Welt von heute kann sich Europa nicht abschotten. Wir erleben es täglich, dass Probleme, Konflikte, Epidemien, Naturkatastrophen irgendwo in der Welt direkte Auswirkungen auf alle anderen Regionen haben. Als Block reicher Länder mit einer Bevölkerungszahl von fast einer halben Milliarde Menschen muss Europa einen Teil der Verantwortung übernehmen, besonders auch für die Erhaltung des internationalen Friedens. Und hiefür ist eine gemeinsame Außenpolitik unerlässlich. Dass diese trotz der Fortschritte, die in den letzten Jahren gemacht wurden, noch immer nur auf dem Papier steht, haben wir zuletzt während der Irakkrise gesehen. Auch militärisch muss Europa seine Effizienz erhöhen. Nicht um zu einer militärischen Supermacht zu werden oder den USA Konkurrenz zu machen, sondern um in der Lage zu sein, Europas Sicherheitsaufgaben selbständig zu erfüllen. Neben der Verteidigung – und hierbei muss man berücksichtigen, dass es sich heute um neue Bedrohungsbilder wie den internationalen Terrorismus, organisiertes Verbrechen, die Verbreitung von Massenvernichtungswaffen handelt – geht es vor allem um internationale Friedensmissionen, an denen Europa auch weiterhin teilnehmen muss. Es ist daher notwendig, dass im Verteidigungs- und Sicherheitsbereich Synergien geschaffen werden, dass man zu einer Arbeitsteilung findet und die gar nicht so geringen vorhandenen Mittel rationeller verwendet. Es wäre naiv zu glauben, dass in der derzeitigen wirtschaftlichen Situation irgendwelche zusätzlichen Geldmittel für den Verteidigungsbereich aufgebracht werden können. In beiden Bereichen, sowohl in der gemeinsamen Außenpolitik als auch der gemeinsamen Verteidigungspolitik, hängt alles vom politischen Willen der Entscheidungsträger ab, und der war bis jetzt eher bescheiden.

7. Der Erweiterungsprozess muss fortgesetzt werden – und dies bringt mich zum zweiten Teil meiner Ausführungen. Wie schon erwähnt, kann man weder in der Postreferendum-Analyse noch in sonstigen Umfragen eine grundsätzliche Ablehnung des Erweiterungsprozesses feststellen. Im jüngsten Eurobarometer unterstützen 50 % der Befragten die Erweiterung, 38 % sind dagegen. Gegenüber der letzten Umfrage bedeutet dies zwar einen klaren Abstieg, aber immerhin stehen noch die Hälfte der Menschen hinter diesem Projekt. Dass Österreich in dieser Liste mit nur 31 % Unterstützung einsam an letzter Stelle rangiert, ist eine traurige Tatsache. Wenn daher ein Beitrittsland die Bedingungen erfüllt, und darum kommt kein Kandidat herum, dann soll es auch aufgenommen werden.

Wie steht es derzeit um die künftigen Erweiterungen? Bulgarien und Rumänien sollen 2007, spätestens 2008 in die EU aufgenommen werden. Damit bleiben im Wesentlichen die fünf Länder des westlichen Balkans und die Türkei. In Parenthese möchte ich hinzufügen, dass natürlich auch die Ukraine ein europäischer Staat ist, die Voraussetzungen für einen Beitrittsprozess derzeit allerdings noch nicht gegeben sind.

Was den Balkan betrifft, hat Europa die große Chance, diese Region durch friedliche Mittel, durch Soft Power, durch die Perspektive einer EU-Mitgliedschaft ein für allemal zu stabilisieren. Kaum ein Land würde davon so profitieren wie Österreich. Am Gipfel von Thessaloniki im Juli 2003 wurde das Ziel der Mitgliedschaft aller Balkanstaaten feierlich verankert. Das Instrument für die Heranführung war und ist der „Stabilisierungs- und Assoziationsprozess“, der eine regionale Zusammenarbeit, bilaterale Freihandelsabkommen, finanzielle Hilfe im Rahmen des CARDS-Programms und individuelle Abkommen, die so genannten „Stabilisierungs- und Assoziationsabkommen“ zwischen der Europäischen Union und jedem einzelnen dieser Staaten, vorsieht.

Der Annäherungsgrad der einzelnen Länder an die EU ist durchaus unterschiedlich. Mit Kroatien wurden am 3. Oktober 2005 die Beitrittsverhandlungen begonnen, realistischerweise kann mit einem Beitritt bis spätestens 2010 gerechnet werden. Mazedonien hat einen Beitrittsantrag gestellt, und im kommenden November 2006 erwartet man den Avis, also das Rechtsgutachten der Europäischen Kommission. Wenn dieses positiv ausfällt, wird Mazedonien den Kandidatenstatus erhalten und dieser löst wieder eine Beitrittspartnerschaft aus, die gewisse Unterstützungsmaßnamen vorsieht. Der Zeitpunkt des Verhandlungsbeginns wird dann im Lichte der Entwicklungen in Mazedonien selbst festgelegt werden. Mit Albanien sind Verhandlungen über ein Stabilisierungs- und Assoziationsabkommen im Gange, und ich glaube, dass nach den vor kurzem durchgeführten Parlamentswahlen jetzt der Zeitpunkt gekommen wäre, diese abzuschließen. Mit Serbien und Montenegro wurde soeben der Beginn von Verhandlungen über ein Stabilisierungsabkommen vereinbart. Der einzige Staat des Balkans, mit dem solche Verhandlungen noch ausstehen, ist Bosnien-Herzegowina.

Bei der Heranführung der Staaten des Balkans an die Union gibt es eine Fülle von Hindernissen zu überwinden. Hierbei handelt es sich zum einen um regionale Phänomene, die in unterschiedlicher Intensität in allen Teilen der Region anzutreffen sind: Eine große Wirtschaftsschwäche mit hoher Arbeitslosigkeit als Erbe jahrzehntelanger kommunistischer Regime und der Auswirkungen der kriegerischen Ereignisse der 90er Jahre. Weiters schwache Institutionen, verbunden mit Korruption und Aktivitäten des organisierten Verbrechens, vor allem in manchen Gegenden die Verbindungen von Politik, Wirtschaft und dem organisierten Verbrechen.

Auch die Verfolgung der Kriegsverbrecher vor dem Haager Tribunal und lokalen Gerichten muss man in diesem Zusammenhang sehen. Diese Strafverfolgung ist notwendig, einerseits für die Opfer selbst, denen sie hilft, ihre traumatischen Erlebnisse zu verarbeiten. Andererseits, um durch eine Individualisierung der Verantwortung ganze Völker von einer Kollektivschuld zu befreien: es waren eben nicht „die Serben", oder „die Kroaten", oder „die Bosniaken", die diese Taten begangen haben, sondern Einzeltäter, die zu bestrafen sind. Auch kann in keinem Land eine normale, rechtsstaatliche Gesellschaft entstehen, wenn die schwersten Verbrechen ungesühnt bleiben, und die Täter nach wie vor – das ist leider der Fall – in staatlichen Institutionen wie Polizei, Armee oder der Verwaltung tätig sind.

Neben diesen generellen Problemen gibt es ganz konkrete politische Fragen, die noch nicht gelöst sind. Die schwierigste davon ist ohne Zweifel das Problem des Kosovo, des künftigen Status dieses Territoriums. Seit sechs Jahren steht der Kosovo unter einer internationalen Verwaltung und es wurde einiges erreicht. Es wurden der Wiederaufbau, die Wiederherstellung der Infrastrukturen und die Beseitigung von Kriegsschäden vorangetrieben, es wurden Institutionen errichtet, und man hat ihnen allmählich Verwaltungskompetenzen übertragen.

Für mich besteht die Erbsünde der internationalen Gemeinschaft im Kosovo darin, dass es trotz Anwesenheit einer Zivilverwaltung, trotz Anwesenheit von 40.000 Mann internationaler Truppen, nicht gelungen ist, Gewaltakte gegen die serbische Minderheit und gegen die Roma nach dem Krieg zu verhindern, und dass sich die Angehörigen dieser Minderheiten auch heute noch nicht frei im Lande bewegen können.

Trotzdem muss jetzt die Frage des künftigen Status des Kosovo angegangen werden, da die derzeitige Limbosituation nicht nur dem Kosovo selbst, sondern auch der gesamten Region schadet. Sie verhindert z.B. eine halbwegs normale Wirtschaftsentwicklung, weil niemand an einem Ort investieren wird, von dem man nicht einmal weiß, ob es sich um einen eigenen Staat oder die Provinz eines anderen Staates handelt. Es wird fast der Quadratur des Kreises gleichkommen, hier eine Lösung zu finden und die Interessen der albanischen Mehrheitsbevölkerung mit jenen der serbischen Volksgruppe und der anderen Minderheiten, aber auch mit den Forderungen Serbiens auf einen Nenner zu bringen. In einigen Wochen soll der UNO-Generalsekretär einen Sonderbeauftragten für diese Verhandlungen ernennen, der dann mit Unterstützung der so genannten „Kontaktgruppe" (Russland, USA, Frankreich, Großbritannien, Deutschland und Italien) versuchen wird, in Gesprächen mit den verschiedenen Parteien eine Lösung zustande zu bringen. Eines hat die Kontaktgruppe jetzt schon festgestellt: eine Rückkehr des Kosovo unter serbische Kontrolle soll ebenso wenig möglich sein wie ein Anschluss des Kosovo an Albanien, Grenzänderungen oder eine Teilung des Landes. Keine Teilung deswegen, weil sie das Problem der verschiedenen serbischen Enklaven in allen Teilen des Kosovo nicht lösen würde und außerdem einen Dominoeffekt auslösen könnte, der bis nach Bosnien reichen würde.

Das zweite ungelöste Problem ist die staatliche Verbindung zwischen Serbien und Montenegro. Vor nicht ganz drei Jahren wurden die beiden Republiken von der EU in eine Zwangsehe gedrängt, eine Union, die weitgehend unfunktionell geblieben ist. De facto agieren die Republiken völlig selbständig, sie haben eigene Zollsysteme, verschiedene Währungen, getrennte Zentralbanken; die gemeinsamen Institutionen stehen mehr oder weniger nur auf dem Papier. Das Belgrader Abkommen, durch welches die Union gegründet wurde, sieht vor, dass jeder der beiden Teile nach drei Jahren ein Unabhängigkeitsreferendum abhalten kann. Wenn man sich nicht, was unwahrscheinlich erscheint, doch noch auf irgendeine Gemeinsamkeit einigt, dann wird Montenegro im April 2006 ein solches Referendum durchführen. Ich glaube, die EU sollte ihre Energien nicht darauf richten, die beiden Republiken noch einmal in eine Gemeinsamkeit hineinzuzwingen, die sie nicht wollen, sondern dafür sorgen, dass das Referendum und vor allem die Nachreferendumszeit entsprechend gemanagt wird. Vor allem geht es darum, dass das Resultat des Referendums, was immer es auch sein möge, von allen akzeptiert wird und nicht ein neuer Konflikt in dieser Region entsteht.

Das dritte Problem ist die Staatlichkeit von Bosnien-Herzegowina, die selbst zehn Jahre nach dem Dayton-Frieden noch immer nicht tausendprozentig gesichert ist. Die in Dayton vereinbarte Verfassung hat sich als völlig unfunktionell erwiesen. Sie sieht 14 Verwaltungsebenen vor: den Gesamtstaat, zwei Entitäten, in der einen Entität 10 Kantone, sowie die Sonderregion von Brčko, und alle diese Einheiten haben eigene Parlamente, eigene Regierungen, eigene Vorschriften. Das kann nicht funktionieren. Man sieht hier die Auswirkungen des Versuches, in der Dayton-Verfassung zwei sich widersprechende Prinzipien zu vereinen, nämlich auf der einen Seite das Ziel der Erhaltung der bosnischen Gesamtstaatlichkeit, auf der anderen die Teilung des Landes nach ethnischen Gesichtspunkten. Was leider auch heute noch feststellbar ist, sind separatistische Tendenzen, vor allem in der serbischen Republik. Hier ist der Gedanke einer Loslösung von Bosnien noch immer nicht aufgegeben, daher der Widerstand gegen alles, was den Gesamtstaat stärken könnte. Da die bosnischen Entscheidungsträger bisher nicht in der Lage waren, ihre widersprüchlichen Interessen auf einen gemeinsamen Nenner zu bringen, wird das Land wie ein Protektorat verwaltet, mit dem „Hohen Beauftragten" der Staatengemeinschaft, Lord Ashdown, als quasi Gouverneur mit weitgehenden Befugnissen, der viele der wichtigen Entscheidungen trifft. Für die bosnischen Politiker ist es viel praktischer, den bösen Gouverneur aus Großbritannien die Entscheidungen treffen zu lassen und ihn dann zu kritisieren, als der eigenen Seite Rechenschaft für eingegangene Kompromisse geben zu müssen. Ich halte dieses System für nicht mehr länger sinnvoll und meine daher, dass die Funktion des Hohen Beauftragten im kommenden Jahr beendet und dieser durch einen EU-Vertreter ersetzt werden sollte, der aber mehr die Rolle eines Vermittlers, eines Ratgebers auf dem Weg Bosnien-Herzegowinas in die EU zu übernehmen hätte. Trotz des damit verbundenen Risikos kann man den Menschen und Entscheidungsträgern in Bosnien zumuten, dass sie nach zehn Friedensjahren die Verantwortung für ihr Land selbst übernehmen.

Für Österreich und die österreichische EU-Präsidentschaft ist von Interesse, dass alle diese politischen Fragen in unserer Zeit, also im ersten Halbjahr des kommenden Jahres, akut sein werden. Die Kosovo-Verhandlungen werden natürlich weit in das nächste Jahr hineinreichen. Allerdings dürfte die Präsidentschaft keine allzu große Ingerenz haben, weil die Verhandlungen in erster Linie in die Kompetenz der UNO und der Kontaktgruppe fallen. Hingegen wird die Präsidentschaft hinsichtlich des Managements des Referendums in Montenegro gefordert sein und den Übergang zu einem anderen System in Bosnien-Herzegowina zumindest vorbereiten müssen.

Trotzdem glaube ich, dass der Schwerpunkt der österreichischen Präsidentschaft woanders liegen sollte: beim Heranführungsprozess der Balkanstaaten an die EU. Gerade angesichts der oft zu hörenden Stimmen, wonach der Erweiterungsprozess verlangsamt oder gar gestoppt werden sollte, wäre es wichtig, dass man neuerlich ein Signal setzt und das Ziel eines EU-Beitritts der Balkanstaaten wie in Thessaloniki 2002 nochmals bekräftigt. Weiters wäre es nützlich, eine Bestandsaufnahme zu machen, entsprechende Benchmarks festzulegen und die Instrumente des Heranführungsprozesses zu verbessern. Auch sollte der wirtschaftlichen Entwicklung der Region eine viel größere Aufmerksamkeit gewidmet werden als bisher und die Möglichkeit geprüft werden, alle Länder des Balkans in die Zollunion der EU einzubinden.

Sowohl der Bundeskanzler als auch die Außenministerin haben wiederholt erklärt, dass der Balkan einer der Schwerpunkte der österreichischen EU-Präsidentschaft 2006 sein wird. Diese Politik ist ohne Zweifel richtig, sie entspricht den Interessen unseres Landes. Jeder von uns hat in den 90er Jahren gesehen, dass Österreich wie kaum ein anderes Land von den Auswirkungen der Ereignisse am Balkan direkt betroffen war. Sie erinnern sich an die Flüchtlingsströme, an die Unterbrechung von Handelsbeziehungen, von Verkehrswegen, usw. Daher muss sich Österreich um diese Region in besonderer Weise kümmern. Es war richtig, dass wir die Aufnahme der Beitrittsverhandlungen mit Kroatien so aktiv unterstützt haben, und ich freue mich, dass diese Bemühungen erfolgreich waren. Nur möchte ich gleich hinzufügen, dass das Wort von der Unteilbarkeit des Friedens und der Stabilität nirgendwo so sehr zutrifft, wie am Balkan, und uns die Aufnahme von Serbien oder Albanien oder den anderen Ländern in die EU genauso wichtig sein muss, wie jene Kroatiens. Auch für diese Länder müssen wir uns mit der gleichen Energie einsetzen.

Der letzte Aspekt ist die Frage des Beitritts der Türkei. Wie Sie wissen, haben die Beitrittsverhandlungen am 3. Oktober 2005 begonnen. Ihr Ziel ist der Beitritt. Ob dieses Ziel erreicht werden kann, ist ebenso ungewiss, wie die Dauer der Verhandlungen. Man kann allerdings davon ausgehen, dass sie nicht vor Festlegung des Finanzrahmens für die Periode 2014 bis 2019 beendet werden können. Danach kommt der Ratifikationsprozess, der ja, wie wir wissen, mit einer Vielzahl von Unsicherheiten verbunden ist. Wenn alles positiv verlaufen sollte, dann wäre frühestens 2015 mit einem Beitritt zu rechnen. Dazu kommen dann die üblichen Übergangsfristen, etwa in der Frage der Personenfreiheit und auch bei den finanziellen Unterstützungen, so dass der Beitritt erst im Jahr 2025 voll wirksam werden könnte.

Bei der Beurteilung der Pros und der Contras sollte man immer diesen Zeitrahmen vor Augen haben. Es ist einfach falsch, wenn man den Eindruck erweckt, die Türkei würde der EU jetzt beitreten. Sie tut dies nicht. Ebenso irreführend ist die Frage, ob die Türkei heute beitrittsfähig ist. Natürlich ist sie es nicht, ebenso wenig wie alle anderen Kandidatenländer vor den Verhandlungen die Beitrittsbedingungen erfüllt haben. Die Vergleiche der Türkei mit anderen Mitgliedsstaaten sollten daher nicht vom heutigen Stand ausgehen, sondern von der Situation in diesen Ländern am Beginn ihrer Beitrittsverhandlungen. Man wird sehen, dass die Türkei bei einem solchen, fairen Vergleich gar nicht so schlecht abschneidet. Klar ist, dass der sehr dynamische Transformationsprozess, der alle Bereiche des Lebens in der Türkei erfasst hat, in den kommenden Jahren mit der gleichen Dynamik weitergehen muss. Entweder die Türkei verändert sich, dann wird sie beitreten können, oder sie verändert sich nicht, dann kommt es zu keinem Beitritt.

Die Argumente für und gegen einen EU-Beitritt der Türkei wurden im letzten Jahr ausführlich erörtert und ich will diese Diskussion heute nicht wiederholen. Es ist allerdings eine Tatsache, dass die Türkei kein Routinekandidat ist. Sie verfügt über besondere Merkmale, sie ist ein großes Land, wirtschaftlich rückständig, in einer ganz spezifischen geopolitischen Position, mit einer fremden Religion. Man sollte sich nicht verschämt hinter Ausdrücken wie „fremde Kultur“ oder „fremde Zivilisation“ verstecken, sondern zugeben, dass es die Religion ist, welche Ängste verursacht. Es sind also beträchtliche Herausforderungen mit einem möglichen Beitritt der Türkei zur EU verbunden. Meine Analyse ist allerdings, dass keine dieser Herausforderungen unüberwindbar ist, und dass die erwähnten besonderen Merkmale der Türkei nicht nur Probleme, sondern in gleicher Weise auch große Chancen schaffen.

Ich möchte dies nur an einem Beispiel dokumentieren, und zwar an jenem der Wirtschaft. Die Probleme der türkischen Wirtschaft sind rasch aufgezählt: ein regionales Ungleichgewicht zwischen dem reichen Westen und dem armen Osten sowie Südosten; ein sektorales Ungleichgewicht mit einem für ein modernes Industrieland viel zu großen Agrarsektor; zumindest in der Vergangenheit eine hohe Krisenanfälligkeit; eine beträchtliche staatliche Einflussnahme auf das Wirtschaftsleben sowie eine hohe staatliche Verschuldung. Selbst bei dieser negativen Aufzählung gibt es positive Entwicklungen. Die letzte Wirtschaftskrise fand im Jahr 2001 statt, es war vor allem eine Finanz- und Bankenkrise, sie wurde aber mit Hilfe des Internationalen Währungsfonds und der Weltbank innerhalb eines Jahres überwunden. Diese Krise und die Perspektive von Beitrittsverhandlungen mit der EU haben auch im wirtschaftlichen Bereich beträchtliche Reformen ausgelöst. So wurde der Bankensektor saniert und in der Landwirtschaft eine Reform eingeleitet, die sehr ähnlich jener in der EU ist. Sie sieht den Übergang von Subventionen und Preisstützungen zu Direktzahlungen an die Bauern vor und hat zur Folge, dass die Landwirtschaft zu schrumpfen beginnt. Die damit verbundene Strukturbereinigung löst allerdings ein anderes Problem aus, nämlich eine verstärkte Landflucht in die Städte, und damit eine Verstärkung der städtischen Arbeitslosigkeit.

Weiters wurde die staatliche Einflussnahme in das Wirtschaftsleben beträchtlich vermindert. Es findet eine rasante Privatisierung statt, deren Erlöse ausschließlich für die Bezahlung der Schulden des Staates verwendet werden. Ebenso übrigens, wie der von der Türkei erzielte reine Budgetüberschuss, sodass die Verschuldung von 75 % des BIP derzeit unter 70 % liegen dürfte und im nächsten Jahr das Maastrichtkriterium von 60 % erreichen sollte. Interessant ist die Art der Privatisierung, die mit einer außerordentlichen und bei uns unbekannten Transparenz verläuft. Wenn ein Unternehmen zum Verkauf ausgeschrieben wurde, werden die eingelangten Angebote wie bei uns gleichzeitig geöffnet. Danach kommt jedoch eine zweite und durchaus unübliche Phase: die drei besten Angebote werden zu einer öffentlichen Versteigerung eingeladen, die im Fernsehen live übertragen wird und erst endet, wenn ein Anbieter mit dem höchsten Gebot übrig bleibt. Diese Prozedur könnte nicht transparenter sein, ihr Ziel ist die Maximierung des Erlöses für den öffentlichen Haushalt.

Die türkische Regierung ist natürlich auch bemüht, eine aktive Regionalentwicklung zu betreiben, es sind große Projekte wie Staudämme und Wasserkraftwerke im Osten und

Südosten des Landes vorgesehen, der Erfolg war bisher unterschiedlich. Eines der interessanteren Projekte ist die Errichtung von insgesamt 75 Industrieparks in allen Teilen des Landes. Ich habe einen der größten in Kayseri besucht, im Zentrum von Anatolien, wo insgesamt 1.000 türkische Privatunternehmen Produktionsstätten unterhalten werden. Dass sich dieses Vorhaben positiv auf die gesamte Region auswirkt, liegt auf der Hand.

Ich möchte den Eindruck vermeiden, dass es um die türkische Wirtschaft wunderbar bestellt ist. Dies ist sicher nicht der Fall; die Grundprobleme sind nach wie vor aufrecht. Allerdings ist ein dynamischer Prozess in Gang gekommen, und er läuft in die richtige Richtung. In der Gegenüberstellung von Herausforderungen und Chancen eines türkischen EU-Beitritts sollten wir auch das wirtschaftliche Potential der Türkei erkennen. Ein riesiger Markt in einer sehr interessanten geopolitischen Position, direkte Zugänge zu den Märkten im Mittleren Osten und in Zentralasien, eine junge, immer besser ausgebildete Arbeitskraft und eine unglaubliche Dynamik. Im vergangenen Jahr hat das Wirtschaftswachstum 9 % betragen, für die kommenden Jahre werden 5-6 % prognostiziert. Hinzu kommt, dass sich die Türkei zum wichtigsten Transitland für Energie entwickelt. Die Aussicht auf Beitrittsverhandlungen hat einen veritablen Investitionsboom ausgelöst, und man braucht nur die Börse von Istanbul zu beobachten, um die Auswirkungen zu sehen. Eine solche Entwicklung, falls sie weitergehen sollte, wird natürlich auch Auswirkungen auf den Beitritt haben, in zehn Jahren oder wann immer die Frage akut sein wird. Der Bedarf an Hilfe für die Türkei wird geringer werden, die Migrationsbereitschaft der Menschen abnehmen, und das Land dürfte sich weiter nach außen öffnen.

Auch für Österreich bestehen gewaltige wirtschaftliche Chancen. Die Türkei ist ein Hoffnungsmarkt für österreichische Exporte und die wichtigsten österreichischen Unternehmen sind bereits jetzt dort tätig. Schon in der Vergangenheit haben österreichische Firmen etwa ein Drittel der türkischen Wasserkraftwerke gebaut oder waren an ihrem Bau beteiligt. Ob die in der Türkei als feindselig angesehene Haltung Österreichs in der Beitrittsfrage negative Auswirkungen auf die österreichischen Wirtschaftsinteressen haben wird, weiß ich nicht. Es heißt immer „Geschäft ist Geschäft“ und unternehmerische Entscheidungen richten sich nicht nach Gefühlen oder politischen Überlegungen. Wenn das so ist, dann können wir hoffen, dass die österreichische Wirtschaft in der Türkei davon profitieren kann.

Zusammenfassend möchte ich Folgendes festhalten: Wenn die EU auf die Botschaften der Menschen hört – und sie sollte es tun –, muss sie sich den Problemen stellen, welche die Menschen direkt bewegen. Das sind Arbeitslosigkeit, Sozialsystem, Wirtschaftswachstum und die Wettbewerbsfähigkeit Europas. Wenn in diesen Bereichen Fortschritte erzielt werden könnten, dann würden die Menschen die EU als für ihre Interessen relevant erachten und auch den Integrationsprozess wieder stärker mittragen. Die Vertiefung der Integration sollte sehr behutsam verfolgt werden, man müsste das Subsidiaritätsprinzip stärker beachten, wonach nur jene Kompetenzen an Brüssel übertragen werden, die dort besser angesiedelt sind als in den Mitgliedsstaaten. Es sollte vor allem ein besseres Gleichgewicht zwischen Brüssel, den Ländern und den Regionen gefunden werden. Die politische Union wäre weiter voranzutreiben, soweit die Rolle Europas in der Welt dies erfordert und soweit es für die Mitgliedstaaten und deren Bevölkerungen akzeptabel ist. Und schließlich muss der Erweiterungsprozess fortgeführt werden. Für europäische Staaten besteht ein Recht auf Mitgliedschaft – dies ist in den Verträgen abzulesen – , sobald die Bedingungen für einen Beitritt erfüllt sind. Wir sollten erkennen, dass die Erweiterung die Union größer und stärker macht und Europa dadurch im globalen Wettbewerb besser bestehen kann.

Karl Aiginger

Die Zukunft Österreichs in Europa

1 | Der Erfolg und seine Elemente

Der Erfolg | Österreichs Aufholprozess – Überholen – Spitzenfeld

Österreich ist eines der wenigen Erfolgsmodelle, das nicht nur einen erheblichen Rückstand im Pro-Kopf-Einkommen aufgeholt hat, sondern dem es auch gelungen ist, nach dem Aufholprozess einen Vorsprung zu erarbeiten. Es ist jetzt auf dem Punkt, entweder eine langsame Erosion des Vorsprunges zuzulassen (der Tendenz zur Konvergenz entsprechend) oder zu versuchen, den Vorsprung zumindest zu halten und im Vergleich zu anderen westlichen Industriestaaten noch auszubauen.[1] Wir beleuchten einige Faktoren, die zum Erfolg Österreichs beigetragen haben (Abschnitt 2), und dann, warum die bisherigen Stärken Österreichs nicht genug sein werden, den Vorsprung zu erhalten (Abschnitt 3). Österreich, aber auch ganz Europa, steht einem Bündel neuer, schwerwiegender Herausforderungen gegenüber (Abschnitt 4). Der Rückfall in der Wachstumsdynamik Europas – absolut und relativ – zu den USA und gegenüber Asien hat die Diskussion losgetreten, ob das europäische sozio-ökonomische Modell geeignet ist, unter der Bedingung der Globalisierung zu bestehen (Abschnitt 5). Die Erfolge der skandinavischen Länder geben Hoffnung, zeigen aber auch den Veränderungsbedarf auf, der notwendig ist, damit ein Wohlfahrtsstaat konkurrenzfähig bleiben kann (Abschnitt 6). Die Stärken Österreichs und seine Optionen werden im Abschnitt 7 analysiert. Das Problem des dramatisch steigenden Arbeitsangebotes und die anhaltend hohe Arbeitslosigkeit unterstreichen die Notwendigkeit einer Wachstumsstrategie (Abschnitt 8). Abschnitt 9 berichtet einen Reformansatz im Detail. Abschnitt 10 diskutiert, ob der Reformbedarf in Österreich genügend zur Kenntnis genommen wird und Abschnitt 11 fasst zusammen.

Vortrag vom 24. Oktober 2005 im Marmorsaal des Oberen Belvedere im Rahmen der Ausstellung „Das Neue Österreich". Dieser Beitrag ist auch erschienen in der Reihe WIFO, Vorträge, Lectures 96/2005. Der Autor dankt Dagmar Guttmann für die wissenschaftliche Assistenz und Thomas Leoni und Sandra Steindl für Kritik und Anregungen.

1 Ein Halten des Vorsprungs gegen Erweiterungsländer oder Entwicklungsländer mit niedrigen Einkommen ist weder möglich noch langfristig erstrebenswert. Der Aufholprozess von Ländern mit niedrigen Einkommen ist erwünscht (aus sozialen und ökonomischen Gründen).

2 | Aufholen, Überholen, Führen

Der Rückstand Österreichs gegenüber (West-) Deutschland im BIP pro Kopf (preis- und kaufkraftbereinigt) betrug 1960 über 20 %. Dänemark, Niederlande, Schweden, Großbritannien hatten einen noch größeren Vorsprung, nur die südlichen Länder Europas und Irland lagen hinter Österreich. Heute ist das westdeutsche Niveau erreicht, wahrscheinlich (um rund 3 %) überschritten. Gegenüber dem heutigen „Gesamtdeutschland" erreicht Österreich einen Vorsprung im Pro-Kopf-Einkommen von über 10 % (12 % bis 14 %)[2]. Auch nach anderen Leistungsindikatoren (Beschäftigung, Budget) liegt Österreich günstiger als Deutschland, sodass der Vorsprung in einem breiter gefassten „Wirtschaftserfolg" größer ist als nach dem engeren Wachstumsvergleich. Auch liegt die Wachstumsrate Österreichs seit zehn Jahren zwischen einem halben und ganzen Prozent höher als in Deutschland, sodass sich der Vorsprung Österreichs kontinuierlich vergrößert.[3] Gegenüber Europa (definiert als EU-15) liegt das Pro-Kopf-Einkommen Österreichs um 10 % höher, es ist um 20 % höher als in den EU-25. Gegenüber den USA besteht ein Rückstand im Pro-Kopf-Einkommen von über 20 %.

Wie kam es zu diesem Aufholprozess mit der anschließenden Erarbeitung eines Vorsprungs? Drei Elemente sollen herausgestrichen werden, ohne einen Anspruch auf Vollständigkeit zu erheben:

Element 1 | Öffnung mit Augenmaß und Augenzwinkern

Österreich hat immer die Öffnungsstrategie gewählt und Abschottungsstrategien verworfen. Der Außenhandel wurde früh liberalisiert, das Mitwirken in der OECD und im europäischen Integrationsprozess wurde aktiv angepeilt, die Kontakte zu den ehemaligen Ostländern wurden pragmatisch, oft auch heimlich forciert, Auslandskapital war immer willkommen.

Die Grenzen der Möglichkeiten wurden akzeptiert: Der späte EU-Beitritt wurde auch als erweiterter Spielraum für österreichische Politik genutzt. Die nationale verstaatlichte Industrie im Besonderen und die Industrie im Allgemeinen wurden mit billigen Krediten und teilweise auch durch hohe Subventionen gefördert. Die Sozialpartnerschaft hat Löhne parallel zur Produktivität verhandelt und Preissprünge verringert. Die Politik verfolgte innovative Doppelstrategien wie z.B. Lohnzurückhaltung plus Hartwährungspolitik oder Budgetsanierung plus Exportoffensive. Die Warenexportquote, die in den sechziger Jahren bei 16 % gelegen ist, liegt heute bei 38 %; gerade hat die EU für Österreich die höchsten Exportsteigerungen seit 2000 festgestellt (vgl. Abbildung 1). Inklusive

2 Laut EU-Statistik sind es 14 % (New Cronos), nach der Datenbank des Groningen Growth & Development Centre waren es 2004 11,3 % (Schätzung 2005 12 %).

3 Dabei ist zu berücksichtigen, dass Deutschland die Kosten der deutschen Einheit trägt, während die Erweiterungsländer ihre Konkurrenzfähigkeit gegenüber Österreich durch Abwertung, größere Lohndifferenz oder niedrigere Unternehmenssteuern – und damit die Budgetbelastung für Österreich - erreichen können.

Dienstleistungen wurde 2005 mehr als die Hälfte des BIP exportiert. Lange dominierte der Nachbarschaftsexport.[4] Erst in den neunziger Jahren begann die Globalisierung Österreichs. Der Export in die Erweiterungsländer (die „nahe" Globalisierung) steigt von 3 % im Jahr 1990 auf 13 %. Der Anteil der „restlichen" Welt (die „weite" Globalisierung) steigt seit 1992 von 24 % auf 31 %. Und es ist kennzeichnend, dass heute gerade die Produktionsteilung mit den neuen Nachbarländern es ermöglicht, den Radius der österreichischen Exporte bis nach den USA auszuweiten: Kombiprodukte sind billiger und vertragen größere Transportkosten – bei gegebener, hoher Qualität.

Element 2 | **Sozialpartnerschaft, Flexibilität und ein Hauch Insiderschutz**

Die Sicherheit der Unternehmer, Gewinne zu erwirtschaften und starke Ausschläge zu vermeiden, und die Sicherheit der Arbeitsplätze erhöhten die Bereitschaft für neue Techniken, Produkte, Märkte und in Höherqualifikation zu investieren. In einem Klima der Sicherheit, des Vertrauens, der Kooperation gibt es immer pragmatische Lösungen, die für Außenseiter unverständlich und vielleicht auch angreifbar scheinen. Gibt es Streiks, so setzen sich die Arbeitnehmer und Unternehmer auf Betriebsebene zusammen um zu besprechen, wie diese ohne Produktionsausfall ablaufen könnten. Flexibilität der Arbeitszeit erfolgt abseits von - um nicht zu sagen im Widerspruch zu - bestehenden Gesetzen. Nachteil dieser Problemlösung mit Augenzwinkern ist oft ein eingeschränkter Wettbewerb und das Festhalten an alten Strukturen. Die Probleme z.B. der österreichischen Nahrungsmittelindustrie lösten sich erst, als die österreichische „Marktordnung" verboten wurde; die Banken erwachten erst, nachdem ausländische Banken auf den österreichischen Markt drängten; die Stromwirtschaft muss so lange einer österreichischen Lösung nachlaufen, bis die Marktchancen in Europa verspielt sind.

Exportquote Österreichs

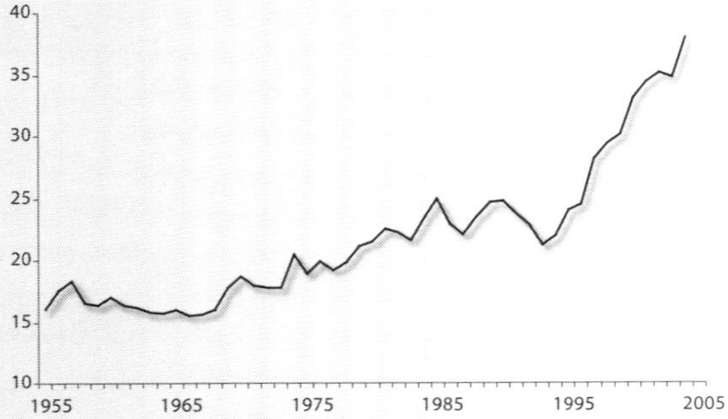

Abbildung 1
Q: WIFO-Berechnungen

4 1960 gingen 40 % der Exporte in zwei Nachbarländer (noch genauer nach Norditalien und Süddeutschland), dieser Anteil stieg bis Anfang der neunziger Jahre auf 49 % (durch die Hartwährungspolitik waren Exporte in ein anderes Hartwährungsland leichter als in Länder, für die der Schilling teurer wurde); innerhalb der letzten zehn Jahre ist der Anteil der Exporte nach Deutschland und Italien dann wieder um 8 Punkte auf 41 % gefallen. Der Anteil der anderen alten EU-Staaten wächst nicht (er liegt heute mit 18 % etwas niedriger als 1990 und deutlich niedriger als 1970).

Element 3 | Hohe Investitionsquote und Technologieimport

Österreich war immer ein Land mit einem hohen Anteil der Investitionen am Bruttoinlandsprodukt, besonders der Anteil der Bauten ist überdurchschnittlich. Die innerösterreichische Infrastruktur ist gut ausgebaut, die Versorgung mit Energie über Jahrzehnte problemlos. Firmen hatten immer billiges Geld für maschinelle Investitionen (durch steuerliche Maßnahmen und/oder billige Fremdfinanzierung). Ausländische Firmen haben in Österreich investiert, weil die Lohnkosten niedriger und die Ausbildung der Fachkräfte anerkannt war. Eine negative Bilanz der Direktinvestitionen war die Folge, ebenso wie ein hoher Import von Investitionsgütern und ein relativ niedriger Unit Value der Exporte. Heute sind alle drei Defizite - Defizit der Handels-, der Direktinvestitions- und der Qualitätsbilanz - beseitigt. Das als nationales Charakteristikum geglaubte Handelsbilanzdefizit ist geschmolzen, die Exporte sind nun höherwertiger als die Importe (wie es sich für ein reiches Land gehört), Österreich ist ein Großinvestor in Zentral-, Ost- und Südosteuropa: die Direktinvestitionsbilanz ist ausgeglichen. Die steuerlichen Abschreibungen sind großteils eliminiert, die Förderung von neuen Betriebsstandorten ist an die Grenzen der Regionalkulisse gebunden und Energie ist nicht mehr billiger als in anderen zentralen Standorten.

BIP pro Kopf in den EU-15; 2005

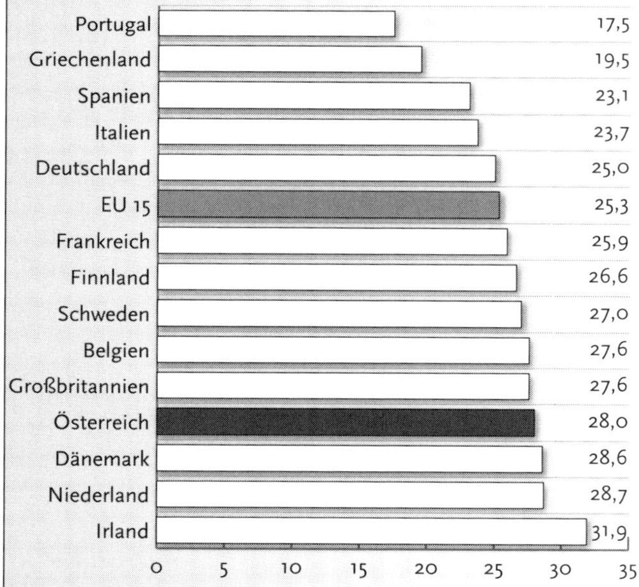

Abbildung 2
Q: Eurostat (AMECO)

3 | Der kritische Punkt: Alte Stärken werden brüchig, neue noch nicht entwickelt

Die preisliche Wettbewerbsfähigkeit Österreichs ist heute für den Großteil der industriellen Produktion gegeben. Neben den strukturellen Veränderungen, der Bildung erfolgreicher Cluster (z.B. der Autocluster), der Privatisierung der verstaatlichten Industrie, dem Entstehen von Fachhochschulen und der Nutzung der Chancen zum Ostexport ist dieser Erfolg auch auf die günstige Entwicklung der Arbeitskosten zurückzuführen. Sie wurde gestützt durch die günstige Behandlung nicht entnommener Gewinne und die Reform der Körperschaftssteuer. Es hat jedoch den Anschein, dass einige Faktoren, die den Erfolg ermöglicht haben, nicht mehr im selben Ausmaße gegeben sind oder für die neue Rolle Österreichs nicht so wichtig sind wie für die Phase des Aufholprozesses. Der Entfall der Begünstigungen für materielle Investitionen und teilweise für Betriebsansiedlungen wurde schon erwähnt.

Die Faktoren, die für die Wettbewerbsfähigkeit eines reichen Landes (mit hohen Faktoreinkommen) wichtig sind, sind andere als jene für den Aufholprozess. Der Wettbewerbsvorteil (Competitive Advantage) eines Spitzenlandes wird bestimmt durch Forschung, Spitzenqualifikation und moderne Technologien. Und hier hat Österreich noch keinen komparativen Vorteil. Es gibt Fortschritte, z.B. haben die Forschungsaufwendungen relativ zum BIP den EU-Durchschnitt überschritten, aber das langsame Tempo bei der Steigerung der Zukunftsausgaben insgesamt kann bei der hohen Geschwindigkeit von Prozessen in der globalisierten Welt zu einem Problem werden.

Der brüchige Ausbildungsvorteil

Ausbildung war der Zukunftsfaktor, für den Österreich – im Gegensatz zu Forschung und Spitzentechnologien – relativ viel aufgewendet hat und wo auch die Erfolge international anerkannt wurden. Kaum eine Studie hat nicht die Qualifikation der Facharbeiter, die Vorteile der praxisnahen, dualen Ausbildung erwähnt. Österreich hat international eine besonders niedrige Jugendarbeitslosigkeit.

Während für den Aufholprozess die Ausbildung und die Flexibilität der mittleren Qualifikationen am wichtigsten sind, ist für Länder an der Technologiefront die universitäre Ausbildung zentral. Es gibt Studien, die die Stärke Europas bis in die 90er Jahre auf die bessere Ausbildung im „untersten" bzw. „mittleren" Qualifikationssegment zurückführen und ebenso den Rückfall seither auf die unzureichende Dynamik und Exzellenz im universitären Bereich. Die universitären Studien dauern in Europa generell und in Österreich im Besonderen extrem lang. Die Zweistufigkeit der Ausbildung wurde in Österreich spät, die Dreistufigkeit wird erst jetzt unter internationalen Vorgaben („Bologna-Prozess") gestaltet. Die Drop-Out-Quote ist hoch, der Anteil der Naturwissenschaften und Technik ist gering, der Anteil der modernen Sparten Biotechnologie, Nanotechnologie und

Informationstechnologien entspricht nicht den zukünftigen Anforderungen. Studien mit geringen Arbeitsplatzaussichten sind stark vertreten (Psychologie, Politologie, Soziologie, Publizistik).

Es gibt auch die Kritik, dass an europäischen Universitäten der Grad der Spezialisierung zu hoch ist, Brücken zu Nachbarwissenschaften ausgeschlossen, kommunikative Fähigkeiten und Problemlösungskompetenz vernachlässigt werden. Diese Kritikpunkte dürften für Österreich besonders gelten und auch bereits in die mittlere Ausbildung hinunter reichen.

Es werden heute zu wenige Lehrlinge ausgebildet, erstens weil es weniger Lehrwerkstätten in großen Betrieben gibt. Zweitens dominiert die Lehrausbildung in den reifen Wirtschaftszweigen des industriellen Sektors und in persönlichen Dienstleistungssektoren (Friseure etc.). In modernen, technisch hochwertigen Dienstleistungen gibt es keine Tradition des Lehrberufes. Firmen beklagen die schlechte Ausbildung der Jugendlichen, die für die Lehre zur Verfügung stehen, und schränken deswegen ihre Lehrtätigkeit weiter ein.

Die Erstausbildung verliert an Bedeutung relativ zur Weiterbildung. In der berufsbezogenen Weiterbildung hat Österreich nie Spitzenwerte erreicht, wahrscheinlich auch, weil das Sozial- und Pensionssystem die veränderten technischen Anforderungen durch Auffanglösungen, Stiftungen und Frühpensionierung abgefangen hat. Wenn jetzt durch den Wegfall von Frühpensionierung und später auch durch die Verringerung des Arbeitskräftepotentials durch Alterung die Lebensarbeitszeit verlängert wird, wird Weiterbildung besonders wichtig. Über das Ausbildungs- und Weiterbildungsproblem der Migranten erster und zweiter Generation wird noch zu sprechen sein.

Der Rückfall Österreichs im PISA-Rating hat zu kontroversiellen Diskussionen über das Ausmaß der Verschlechterung geführt, ebenfalls über die Ursachen und wie man das Problem beheben kann. Zweifelsohne sind die frühe Ausbildungsentscheidung, die mangelnde Kompensation von erkennbaren Schwächen durch Begleitausbildung und Motivationsförderung Schwächen im österreichischen Ausbildungssystem, ebenso die fehlende vergleichende Leistungskontrolle der Schulen. Eine wirtschafts-, leistungs- und zukunftsskeptische Selbstselektion in den Lehrberufen kommt hinzu.

Wie aus einer Stärke ein Hemmfaktor werden könnte, zeigen internationale Rankings. Waren bei den Bestimmungen von Wettbewerbsfaktoren die hohe Ausbildung und die Qualität der Arbeitskräfte immer zu den Stärken Österreichs gezählt worden, so wird dies in neuen Rankings schon anders gesehen: In der Bewertung der Stärken des Wirtschaftstandortes in Großstädten wird Wien bei der Qualifikation der Arbeitskräfte im Jahr 2005 nur noch Platz 26 (ex aequo mit Moskau, hinter Prag, knapp vor Lissabon) unter 30 europäischen Großstädten gegeben. Selbst wenn das nicht ganz berechtigt sein sollte, ist die Tatsache, dass das von Managern so gesehen wird, ein Nachteil. Die Alarmglocken sollten läuten.

Fassen wir kurz einige Problemzonen im Bildungsbereich zusammen:

- Zu enge Ausbildung, geringe Weiterbildung
- Lehrlingsplätze vorwiegend in traditionellen Berufen
- Mittlere Qualifikationen sind bei den neuen Mitgliedsländern auch verfügbar
- Die Spitze fehlt in Österreich in vielen technischen, naturwissenschaftlichen Bereichen
- Neue Berufe/Qualifikationen sind zu wenig vertreten
- Die Universitäten sind zu wenig kompetitiv und mit der Wirtschaft vernetzt
- Synergien zwischen staatlichen Universitäten, Privatuniversitäten, kooperativen Forschungsinstituten und Fachhochschulen werden nicht genützt
- Der Lebenszyklus wird in betrieblichen Karrieren zu wenig berücksichtigt
- Migranten erster und zweiter Generation füllen die Angebotslücke, sind aber nicht genügend qualifiziert für die Wissensgesellschaft

Der Weg zum Headquarter und Technologiegeber

Der Technologieimport aus Deutschland lahmt, erstens weil Deutschland selbst von einem Führungsrang zu einer Mittelposition zurückgefallen ist, zweitens weil der Lohnabstand sich verringert hat.[5] Drittens versucht Deutschland, die eigenen industriellen Kapazitäten auszulasten (oft mit Spezialvereinbarungen mit der Belegschaft zwecks Standortgarantie). Bei Investitionen außerhalb der Stammregion ist es billiger, in die neuen Bundesländer oder in die neuen Mitgliedsländer zu investieren. Österreich kann und muss als reiches Land vom Filialbetrieb zum Headquarter werden und vom Technologienehmer zum Technologiegeber. Die größten Chancen liegen bei österreichischen Mittelbetrieben, die die Öffnung Zentral- und Osteuropas nutzen, um zu europäischen Spielern zu werden. Die bestehenden Zentralen von in- und ausländischen Unternehmen müssen durch erstklassige und maßgeschneiderte Ausbildungs- und Forschungseinrichtungen in Österreich gehalten werden. Neue Regional- und Kompetenzzentren müssen angeworben werden.

5 Industrielöhne sind in Deutschland noch immer höher als in Österreich, aber nicht mehr so viel.

4 | Das Bündel an Herausforderungen

Die Spitzenposition Österreichs steht beachtlichen Herausforderungen gegenüber, die durch (i) die geographische Lage, (ii) durch Institutionen und (iii) durch starke Veränderungen in der Weltwirtschaft entstehen und sich (iv) nicht zuletzt auch aus den vergangenen Erfolgen und Unterlassungen ergeben.

Die Hierarchie der Wachstumsdeterminanten

Abbildung 3

Herausforderung 1 | **Konsequenz des Reichtums**

Der Aufstieg Österreichs zu einem Spitzenland im Einkommen verändert die Optionen und schließt Strategien aus. Länder mit niedrigem Einkommen haben ein großes Potential billiger Arbeitskräfte und kombinieren sie mit Rohstoffen, Energie und ungenützten Raumreserven. Länder in mittlerer Einkommensposition (vielleicht Pro-Kopf-Einkommen von 10.000-20.000 €) wachsen besonders rasch, wenn sie einen hohen Teil der Wertschöpfung für physische Investitionen nutzen (Bauten, Ausrüstung, Fahrzeuge) und sie holen rascher auf, wenn sie Auslandskapital und internationale Managementkapazität nutzen. Länder an der Spitze der Einkommenshierarchie sind selbst Kapitalgeber und Knowledge Exporteure, sie expandieren durch überlegene Innovationsleistungen, hervorragendes Humankapital und rasche Nutzung neuer Informationen und Technologien. Produktionen, die weltweit mit denselben Maschinen nach bekannter Technologie produziert werden, haben keinen Platz in reichen Wirtschaften. Der Versuch, durch billige Löhne oder durch Subvention von physischen Investitionen konkurrenzfähig zu bleiben, wirkt sich negativ aus. Ein höheres Pro-Kopf-Einkommen ist längerfristig nicht mit niedrigeren Löhnen erreichbar, sondern mit höherer Forschung, Ausbildung, Weiterbildung und moderner Infrastruktur.

Herausforderung 2 | **Die Neue Mitte**

Würde der berühmte „Marsbewohner", diesmal ein Unternehmer mit Kapital und Geschäftsideen, einen Standort für eine anspruchsvolle, dynamische, innovative Produktion in Europa suchen – ohne Details von Lohnstrukturen, Qualität der Arbeitskräfte und der Institutionen und Transportwege zu kennen – er würde Österreich als Standort wählen. Österreich hat nach Überwindung der Teilung Europas die perfekte zentrale Position. Die Schweiz liegt ähnlich zentral, hat aber den Nachteil der Nicht-Mitgliedschaft in der EU. Die größere Nähe zur Atlantikküste ist durch die Nähe Österreichs zum dynamischen ost- und zentraleuropäischen Raum, zu den Balkanländern und zu den zukünftigen Wachstumskernen Türkei, Ukraine und Weißrussland mehr als kompensiert.[6]

In der Mitte eines Wirtschaftsraumes gibt es die höchsten Löhne, die bestausgebildeten Arbeitskräfte. Die Mitte ist attraktiv für Führungskräfte, geeignet für neue Dienstleistungen. Sanfte Standortfaktoren wie Kultur und Landschaft sind dann noch ein „zufälliges Asset", das nicht immer mit der Mitte verbunden ist. Die Umweltverschmutzung ist oft ein Nachteil des Zentrums, extrem hohe Bevölkerungsdichte oder Kriminalität könnten dazu kommen. Dass Österreich bei diesen Nachteilsfaktoren der Mitte ausgenommen ist, bedeutet ein weiteres Asset, das besonders gepflegt und vermarktet werden sollte.

Der Nachteil der geographisch so günstigsten Lage in Europa ist, dass in der Mitte der Kampf um Positionen sehr intensiv ist. Schon kleine Unterschiede in den Wettbewerbsfaktoren, jede Periode der Selbstzufriedenheit, eine kurze Unaufmerksamkeit oder ein langsames Tempo bei der Beseitigung von Fehlern hat große Konsequenzen. Denn auch Prag, Brünn und Bratislava, Györ und Budapest, Leipzig und München liegen aus der Sicht des Investors noch „in der Mitte".

Die Infrastruktur in Österreich ist noch nicht auf diese neue zentrale Position abgestimmt. Straßen und Bahnen nach Zentral- und Osteuropa sind noch nicht ausgebaut, einige drohen um Österreich herum gebaut zu werden. Im Stromverbund fehlen Leitungen, jedenfalls versäumen unsere Energiekonzerne ihre Führungsrolle, weil sie sich mit sich selbst beschäftigen und durch einen Staatsanteil von mehr als 50 % wenig reagibel sind. In der Telekombranche wird mehr über die Besteuerung der Handymasten als über den Ausbau von Breitbandleitungen gesprochen. In der Mitte ist die Konkurrenz am stärksten, Aggressivität, Schnelligkeit und Mut zählen, First Mover Advantages können genutzt, aber auch verspielt werden.

Die neue Geographie

Österreich:
Größe: 88.900km^2
Bevölkerung: 8,2 Mill. EW
(Anteil an EU 15: 2,19 %)
BIP: 250 Mrd. Euro
BIP pro Kopf: 28.000 Euro zu KKP
(Rang in der EU: 4)

Abbildung 4

6 Aiginger, Landesmann, Competitiveness of the Wider Europe and its Impact on Transatlantic Relations, Paper prepared for the Berkeley Conference, September 2005.

Herausforderung 3 | **Die Europakrise**

Europa ist von allen entwickelten Regionen heute die am langsamsten wachsende. In den letzten 50 Jahren war Europa ähnlich rasch wie die USA gewachsen und hatte einen beträchtlichen Teil des Produktivitätsvorsprungs der USA aufgeholt. Während nun aber die Weltwirtschaft 2004 – 2006 um gut 4 % pro Jahr wächst, so sind es in Europa nur 1,5 %. Nordamerika wächst mit über 3 %, die asiatischen Industrieländer noch stärker (wenn auch Japan für sich genommen noch schwächer wächst als Europa). Gerade an Japan sieht man in den neunziger Jahren, wie rasch der Übergang vom Erfolg zur Stagnation sein kann und wie Institutionen, die für eine Periode des Aufholens optimal waren, für die Position an der Technologiefront ungeeignet sein können. Drittens erkennt man an den Problemen Japans, dass die geographische Nachbarschaft zu einem dynamischen Markt noch kein Garant für das Wachstum des „alten Zentrums" der Region bedeuten muss. Ein hoher Anteil an materiellen Investitionen, eine Abschottung gegen Importe und die Konservierung der „japanischen Eigenheiten" sind ungeeignete Mittel, wenn es eine effiziente Billiglohnkonkurrenz in der Nähe gibt, die ihr planwirtschaftliches Korsett abgelegt hat und die globalen Märkte erobert. Ein Konjunkturpaket nach dem anderen und auch die extrem hohe Staatsverschuldung sind kein Garant für die Rückkehr auf den Wachstumspfad, wenn die Wirtschaft nicht flexibel genug ist.

Herausforderung 4 | **Die Globalisierung**

Die geringe Dynamik Europas hat dazu geführt, dass Unternehmen mit weltwirtschaftlicher Perspektive ihre zukünftigen Investitionen oft nicht mehr in Europa planen. Dies gilt insbesondere für kapazitätserweiternde Investitionen, für Anlagen, die eine schon ausgereifte Technologie verwenden, und wenn Kundennähe (Marktnähe) ein Vorteil ist. Es gilt weniger für Technologien in der Startphase, für Produktionsstufen, in denen der Kontakt zwischen Universitäten und Firmen wichtig ist und wo höchstqualifizierte Arbeitskräfte benötigt werden. Allerdings ist erstmals auch die Qualität der Arbeitskräfte und die Innovationskraft in Regionen mit niedrigeren Löhnen relativ hoch, im Gegensatz zur historischen Erfahrung, wo niedrige Löhne mit niedriger Qualifikation verbunden waren. Standorte mit einem Lohnniveau von einem Zwanzigstel des führenden Landes hatten nie gut ausgebildete und technologieerfahrene Arbeitskräfte. China und Indien besitzen heute hervorragende Arbeitskräfte und generell eine Bevölkerung, die unbedingt und rasch einen höheren Wohlstand anstrebt.

Diese Überlegungen machen es schwierig, Arbeitsplätze durch Neugründung von Unternehmen und durch große Ausbaustufen in Europa zur erreichen. Allerdings darf die Position Europas auch nicht zu negativ gesehen werden. Erstens steigt durch das hohe Wachstum der Weltwirtschaft auch die Nachfrage für europäische Firmen. Zweitens ist die Position Europas wahrscheinlich mittelfristig günstiger, als es kurzfristig der Fall ist. Europa hat die Kosten der Schaffung des Binnenmarktes, der Einführung einer Währung und teilweise auch der deutschen Wiedervereinigung schon hinter sich gebracht („pain precedes gain"). Drittens liegt Europas Stärke in der schrittweisen Innovation, nicht in der Phase der ersten Markteinführung neuer Technologien (wie es bei IKT und Biotechnologien in den letzten zehn Jahren der Fall war). Viertens ist die Entwicklung in den asiatischen Ländern sehr ungleichgewichtig, und manche Firmen sehen auch schon die Nachteile: noch immer diskontinuierliche Stromversorgung, relativ hohe Löhne und Agglomerationskosten in Shanghai bei gleichzeitig extremem Entwicklungsrückstand und Entfernungen anderer Regionen.

Auch österreichische Unternehmen erzielen im Inland respektable Gewinne, erwägen aber bei Neuinvestitionen billigere Standorte (wo mit bekannter Technologie noch höhere Gewinne zu erzielen sind und die Nachfrage stärker wächst). Dies ist ein Vorteil für Österreich, sofern die in den Unternehmenszentralen getätigten Dienstleistungen hochwertige Arbeitsplätze entstehen lassen und die Faktoreinkommen steigen. Der Sektor der Headquarters und der Kompetenzzentren muss durch ein qualitativ hervorragendes Dienstleistungs- und Innovationsumfeld forciert werden. Wird die Arbeitskräftebilanz negativ, so wird die Strategie der Lohnzurückhaltung in Frage gestellt, und dies wäre wieder für andere Unternehmen ein Grund, Investitionsentscheidungen zu verlagern. Eine negative Spirale kann in Gang gesetzt werden. Ein Sektor dynamischer Dienstleistungsbetriebe und Mittelbetriebe, die den österreichischen Markt bearbeiten und gleichzeitig Europazentralen werden, ist das wichtigste Element zur Erhaltung der industriellen Stärke Österreichs.

Herausforderung 5 | **Reform der Institutionen**

Sowohl auf europäischer Ebene als auch in Österreich sind die Institutionen nicht für die neue Situation in der globalisierten Wirtschaft gerüstet. Europa ist nicht imstande, dem Thema Wachstum und der Schaffung von Arbeitsplätzen Vorrang zu geben. Europa kann sein Ziel, die eigenen Mittel in Richtung Forschung umzuschichten, nicht durchsetzen, aber es kann auch die Mitgliedsländer nicht dazu gewinnen, die Forschungsquote von 2 % auf 3 % aufzustocken und die Ausgaben für Ausbildung und Weiterbildung zu forcieren; transeuropäische Netze materieller und immaterieller Art sind konzipiert, aber nicht durchgesetzt. Der Gipfel in Luxemburg im Frühjahr 2005 hat in allen Punkten Schritte in die richtige Richtung gesetzt (Reform des Stabilitäts- und Wachstumspaktes, Renationalisierung der Lissabonstrategie, Einsetzen eines Koordinators für Transeuropäische Projekte, Fokus auf Wachstum und Beschäftigung), aber zwölf Monate nachher ist fraglich, ob sich an der Wirtschaftspolitik genügend geändert hat.

Österreich hat die Fachhochschulen eingeführt, hat die Universitäten reformiert, die Schulen autonomer gemacht, die Forschungsförderung und die Investitionsförderung etwas übersichtlicher gestaltet, die Forschungsmittel erhöht und im Bereich der Straßen und Bahnen erhebliche zusätzliche Mittel freigemacht. Im Verhältnis zu den neuen Herausforderungen bleibt noch ein erheblicher Reformbedarf in organisatorischer Hinsicht und im Ausmaß der eingesetzten Mittel.

5 | Krise Europas und Modelldiskussion

Europa ist ein politischer Erfolg, aber es fehlt bisher der Wille zum Wachstum

Das Projekt Europa ist politisch auf Erfolgskurs. Immer mehr Länder bewerben sich um die Mitgliedschaft. Die Währung ist stark. Die friedenschaffende Wirkung ist unumkehrbar und zieht immer weitere Regionen in den Bann. Aber: die wirtschaftliche Dynamik ist enttäuschend. Das Wachstum ist niedrig, die Arbeitslosigkeit bleibt hoch, die Binnennachfrage springt auch nach einem Exportboom nicht an. Die Budgetdefizite bleiben auch im „besten Jahr" der Weltkonjunktur knapp an der Alarmgrenze. Infrastrukturprojekte verzögern sich.

Ohne Integration wäre Europa fragmentiert und noch stärker zurückgefallen

Die enttäuschende wirtschaftliche Dynamik Europas ist nicht eine Folge der wirtschaftlichen Integration, wahrscheinlich wären die Wirtschaftszahlen ohne Integration noch schlechter. Zumindest wären Strukturen nicht aufgebrochen, Reformen und Marktöffnung nicht erfolgt, und die zukünftigen Probleme wären noch wesentlich größer. Die Einkommen wären nach Ländern unterschiedlicher, der Rückstand des Südens und des Ostens würde zu wirtschaftlichen und politischen Spannungen führen und die kleinen Länder hätten schlechtere Leistungsindikatoren als die großen. Nationale Monopole z. B. im Telekombereich wären nicht aufgebrochen, die Landwirtschaft bekäme noch größere, unübersichtlichere und widersprüchlichere Subventionen, die Internationalität und Qualität der Ausbildung ließe zu wünschen übrig, die Mobilität der Europäer wäre geringer.

Asymmetrie der drei Linien der europäischen Wirtschaftspolitik

Die enttäuschende wirtschaftliche Entwicklung Europas ist die Folge der asymmetrischen Nutzung von wirtschaftspolitischen Strategielinien. Die Wirtschaftspolitik der EU konzentriert sich auf die liberalisierende/deregulierende Komponente, sie wendet die makroökonomische Steuerung asymmetrisch an (mit stärkere Betonung von Preisstabilität und Defizitabbau, im Vergleich zur Wachstumsstabilisierung bzw. -forcierung), und sie vernachlässigt die dritte und entscheidende Komponente, nämlich die wachstumsfördernde.

Die deregulierende Komponente hat den Subventionsdschungel durchforstet (Förderungen reduziert und transparenter gemacht), den Förderwettlauf für neue Ansiedelungen eingeschränkt, die Märkte geöffnet, den Wettbewerb intensiviert, den Strukturwandel beschleunigt, die Basis für europäische Exporterfolge geöffnet. Es ist ein Erfolg, dass Europa weitgehend zu einem Binnenmarkt wurde (aus 15/25 nationalen Märkten). Die liberalisierend/deregulierende Komponente als neo-liberal zu verteufeln und sie für die Probleme verantwortlich zu machen wäre langfristig ein fataler Fehler. Vielleicht hat sie einige Zehntelprozente Wachstum gekostet, aber selbst dies wäre eine gute Investition für langfristige Erträge (Kosten fallen rasch an, Erträge kommen später: „pain precedes gain"). Ein segmentierter, subventionierter, kleinstaatlicher, kartellierter Wirtschaftsraum wäre aber kein Zukunftsmodell.

Die stabilitätspolitische Komponente war teilweise notwendig, weil die nationalen Regierungen die Defizite nicht in den Griff bekamen und weil Unterschiede in der lohnpolitischen und budgetpolitischen Permissivität die Einführung des Euro verhindert hätten. Die Schaffung einer Europäischen Zentralbank mit starker Unabhängigkeit als Hüterin der Stabilität war wichtig. Auch gibt es in kaum einem Land heute Lohnsteigerungen über der Produktivität, wie es früher in südlichen Ländern, aber auch in Großbritannien, den Niederlanden und Frankreich gegeben war. Aber staatliches und kollektivvertragliches Kostenbewusstsein hat auch Nachfrageausfall zur Folge.

Europas Aufholprozess in der Produktivität

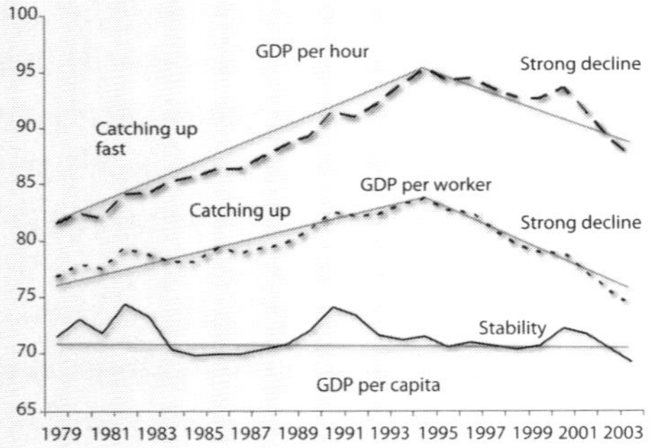

Abbildung 5
Q: Eurostat (AMECO)

Die aktive Komponente der Wirtschaftspolitik ist die Forcierung von Investitionen, Forschung, Ausbildung. Hier gibt es die These A: wann immer die Voraussetzungen geschaffen sind, d. h. stabile Rahmenbedingungen und angemessene Gewinne, dann wird früher oder später genügend investiert (Träger: OECD) und These B: Zukunftsinvestitionen haben externe und kumulative Wirkungen; ohne staatliche Förderung wird zu wenig geforscht, ausgebildet und in Infrastruktur investiert. Meine Position ist, dass die Wirtschaftspolitik eine proaktive Wachstumspolitik braucht. Besonders wenn man (i) die Wirtschaft einem (sinnvollen) Liberalisierungsschock aussetzt, (ii) ein (mittelfristig sinnvolles) Stabilitätspostulat erstmals einsetzt, (iii) eine Einkommensverteilung zulässt, bei der die niedrigen Einkommen kaum steigen, und (iv) wenn man im Pensionssystem stärkere Eigenleistungen verlangt. Ohne proaktive Wachstumspolitik dauert es zu lange, bis Liberalisierung, Budgetdisziplin und Erholung der Gewinne einen Innovations- und Wachstumsschub auslösen. Ein Zusammenbruch der Erholung ist die Folge, kurzfristige Schwankungen um einen geringen Wachstumspfad werden eintreten, zunehmende Unsicherheit verringert Spar- und Investitionsquote. Eine Binnenmarktstrategie mit zumindest am Beginn restriktiver Wirkung, kombiniert mit einer restriktiven Makrosteuerung und einer Vernachlässigung von Zukunftsinvestitionen, ergibt einen Policy-Mix mit notwendigerweise niedrigem Wachstum.

Das vergessene Wachstum und das ferne Lissabon

Die EU hat diese aktive Komponente in der Lissabonstrategie angesprochen, aber nie durchgesetzt. Warum? Erstens weil Wachstum kein prioritäres Ziel war. Stabilität der Preise, Ausgleich der Budgets, Einführung des Euro waren die Hauptziele, Binnenmarkt, Kohäsion, Abbau von Handelsschranken, Wettbewerbsfähigkeit waren die Instrumente und Zwischenziele. Wettbewerbsfähigkeit wurde in den Dokumenten der DG Enterprise richtig definiert als Fähigkeit, die Wirtschaftsleistung und die Beschäftigung zu steigern (und dies besonders mit Blick auf die Wissensgesellschaft). In der Praxis wurden eine kostenmäßige Wettbewerbsfähigkeit und die Exportsteigerung verfolgt. Zweitens trat die Lissabonstrategie in den Hintergrund – nicht weil die EU eine neoliberale Politik wollte, sondern weil die liberalisierende Komponente keine direkten Budgetkosten hat (weder für den Nationalstaat noch für das EU-Budget). Drittens weil Forschung, Ausbildung und Weiterbildung sperrige Themen mit eher langfristigem Ertrag sind. Die Umschichtung der EU-Mittel von der Landwirtschaft zur Forschung, wie sie der Sapir Report verlangt hat, blieb bisher eine Illusion. Dass die transeuropäischen Projekte auch noch zu kurz kommen, ist einer Kombination von Geldmangel, Planungsmangel, fehlender Managementkapazität und Kurzsichtigkeit zuzuschreiben. Neoliberale Absichten spielten dabei die geringste Rolle.

Europäischer Kurswechsel in Luxemburg angedeutet

Am Gipfel in Luxemburg wurden die Weichen tendenziell in die richtige Richtung gestellt. Der Stabilitätspakt wurde gelockert, allerdings sind die genauen Richtlinien auch heute – fast zwei Monate nach dem Luxemburg-Gipfel – noch immer nicht ausformuliert. Das Lissabonziel soll durch nationale Pläne umsetzbar gemacht werden. Die liberalisierende Komponente – etwa in der Dienstleistungsrichtlinie – wurde abgeschwächt. Die Rhetorik bei diesen Änderungen ist allerdings oft nicht vorwärts gerichtet, sondern populistisch. Weder Frankreich noch Deutschland noch Italien fahren einen entschlossenen Wachstumskurs.

Strategielinien der Wirtschaftspolitik

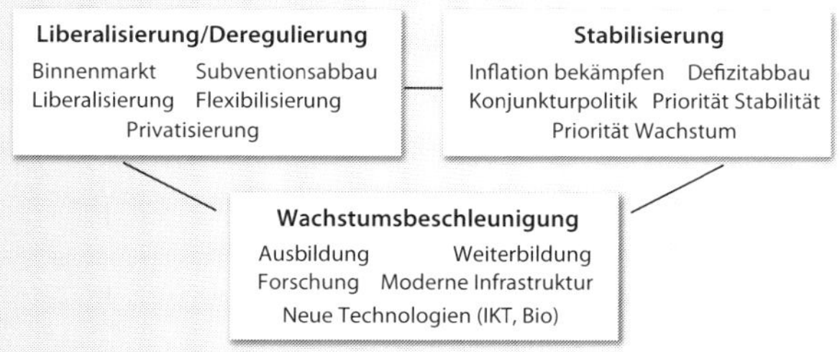

Abbildung 6

6 | Lernen von anderen: Erfolgreiche Länder fahren eine dreipolige Strategie

Es gibt Analytiker, die die Ursache für die europäische Wachstumsschwäche in dem umfassenden Sozialnetz, den hohen Löhnen, dem starken Einfluss des Staates und den Umweltauflagen sehen und daher die Frage stellen, ob das europäische Modell noch konkurrenzfähig gegen die billigeren und flexibleren Modelle der USA, der Erweiterungsländer und China und Indien ist. An diesem Argument stimmt, dass Kosten und bürokratische Verzögerungen in einer integrierten und globalisierten Wirtschaft mit dem Auftreten neuer Konkurrenten (von den Spitzenregionen der Erweiterungsländer bis zu China und Indien) schwerer wiegen als in den ruhigeren sechziger bis achtziger Jahren des vorigen Jahrhunderts. Aber das Sozialnetz hat auch Vorteile rein ökonomischer Art, es gibt auch Sicherheit und erhöht den Konsum und die Lernbereitschaft, und ein stabilisierender Staat erhöht auch die Investitionsneigung (ganz abgesehen davon, dass die spezifischen Ausgaben selbst eine hohe Rendite haben können). Armut und Arbeitslosigkeit bedeuten jedenfalls hohe volkswirtschaftliche Kosten; Zäune, Sicherheitsanlagen, Gefängnisse, Kriminalität ergeben auch verlorene Kosten. Dennoch ist die Dynamik von Produktion, Beschäftigung und Produktivität in den USA seit mehr als einem Jahrzehnt höher als in Europa, und die Frage, ob Europa hier – und gegenüber den dynamischen Wirtschaften Asiens – konkurrenzfähig ist, ist berechtigt. Im Folgenden überprüfen wir daher, welche europäischen Länder im letzten Jahrzehnt erfolgreich waren.

Die in den letzten Jahren wirtschaftlich erfolgreichsten europäischen Länder – Schweden, Finnland, Dänemark – wachsen ungefähr gleich schnell wie die USA, allerdings nach Krisen, die zumindest in Finnland und Schweden zu einem deutlichen Verlust in der relativen Einkommensposition in Europa geführt haben. Alle drei Länder haben ein hohes Sozial- und Beschäftigungsniveau, einen großen Staatssektor und geben der Umwelt einen hohen Stellenwert. Sie schafften es, die Reformen in einer Form durchzuführen, „die das Vertrauen der Bevölkerung und ihr Sicherheitsbedürfnis nicht beeinträchtigen" (Tichy, 2005, S. 403).

Ihr Erfolg beruht auf drei Säulen:

- Privates und öffentliches Kostenbewusstsein
- Hohes Beschäftigungsniveau: Reform des Arbeitsmarktes in Richtung mehr Flexibilität für Firmen und Sicherheit, Qualifikation und Beratung für die Arbeitnehmer („Flexicurity")
- Forcierung der Zukunftsinvestitionen in Richtung Lissabonstrategie

Privates und öffentliches Kostenbewusstsein

Die erste Säule ist privates und öffentliches Kostenbewusstsein: Löhne steigen nicht rascher als die Produktivität, die Staatsausgaben wachsen langsamer als das Bruttoinlandsprodukt und als die Steuereinnahmen.

Durch die erfolgreichen Budget- und Arbeitsmarktreformen hatten die drei Länder am Beginn der letzten Schwächeperiode Budgetüberschüsse und konnten der Abschwächung gegensteuern. Damit konnte die Binnennachfragekomponente in der letzten Phase niedrigen Wachstums gestärkt werden. Dadurch sehen Investoren zusätzliche Absatz- und Ertragschancen, und Konsumenten halten infolge der weiter steigenden Einkommen und der niedrigen Arbeitslosigkeit ihre Konsumneigung aufrecht.

Die Staatsausgaben wurden mittelfristig unter Beachtung von Ausgabenprioritäten und Verteilungsaspekten gebremst. Alle drei Länder hatten am Beginn der Rezession einen Budgetüberschuss und konnten dann expansiv reagieren, ohne an die durch den Stabilitätspakt gesetzten Grenzen zu stoßen.

Hohes Beschäftigungsniveau, Reform des Arbeitsmarktes, „Flexicurity"

Durch ein qualitativ hochwertiges, leistbares und flächendeckendes Betreuungsangebot für Kinder und ältere Personen und effiziente Ausbildungssysteme erreichen die skandinavischen Länder über den gesamten Lebenszyklus für beide Geschlechter eine hohe Erwerbsbeteilung.

Die ökonomischen Anreize am Arbeitsmarkt wurden in den neunziger Jahren wachstums- und beschäftigungsfreundlich gesetzt: Temporäre Arbeitsverhältnisse sind frei gestaltbar, generell sind Arbeits- und Produktmärkte weniger reguliert als in den großen kontinentaleuropäischen Ländern. Das Arbeitslosenentgelt ist relativ hoch, aber die Regeln für Schulung und Annahme von Beschäftigung nach Schulung sind streng („fördern und fordern"). Die Zuversicht, einen Arbeitsplatz zu gewinnen, wenn der alte verloren geht, ist groß. Die aktive Arbeitsmarktpolitik ist effektiv und wird akzeptiert, so dass Flexibilität für die Firmen kombiniert wird mit Sicherheit für den Arbeitnehmer („Flexicurity").

Forcierung der Zukunftsinvestitionen in Richtung Lissabon-Strategie

Den Zukunftsfaktoren Forschung, Ausbildung, Weiterbildung, Diffusion von Technologien wird entscheidende Bedeutung gegeben: Die Ausgaben für Forschung liegen gleichauf mit den USA, 50 % höher als im europäischen Durchschnitt und wurden in den neunziger Jahren stärker erhöht; die Lissabonziele sind in diesen Ländern konsequent verfolgt und 2005 schon weitgehend erfüllt - damit ihre Vorteile genutzt. Wachstum und Exzellenz im Innovations- und Ausbildungssystem werden angestrebt, damit der Wohlfahrtsstaat finanzierbar bleibt und die Umwelt geschont werden kann.

7 | Skizze eines reformierten europäischen Wohlfahrtsstaates

Die Erfolge der skandinavischen Länder zeigen, dass Wohlfahrtsstaaten so reformiert werden können, dass sie flexibler werden und in der globalisierten Welt wettbewerbsfähig sind. Das neue europäische Modell ist nicht das alte, es hat drei Adjektive: effizient, sozial und ökologisch. Wer das erste Adjektiv vergisst, erschwert das zweite und das dritte.

Ein erfolgreiches europäisches Gesellschaftsmodell, das auch unter den Bedingungen der internationalen Konkurrenz und der Globalisierung erfolgreich ist, lernt nicht nur von skandinavischen Ländern, sondern bezieht auch die Reformerfahrungen von großen europäischen Ländern (Deutschland, Frankreich, Italien, Großbritannien) ein, die Erfolge in den kleinen Ländern mit den höchsten Pro-Kopf-Einkommen (Belgien, Luxemburg, Niederlande, Österreich) und der Länder der Peripherie, die in den letzten Jahren stärker gewachsen sind als der EU-Durchschnitt (Irland, Portugal, Spanien, Griechenland), sowie die Reformerfahrungen der neuen Mitgliedsländer.

Ein reformiertes Modell könnte durch die folgenden Elemente gekennzeichnet sein:

- Das Sozialsystem ist umfassend und sichert alle Bevölkerungsgruppen ab, die Transfers und Sozialleistungen stehen teilweise in Relation zu individuellen Anstrengungen und sind an Bedingungen (für Weiterbildung, Eigenvorsorge, Akzeptanz von Mobilität und Veränderungen) geknüpft. Hohe Ersatzraten z. B. im Fall der Arbeitslosigkeit werden mit Anreizen zur Wiederaufnahme von Beschäftigung und intensiver Beratung sowie aktiver Arbeitsmarktpolitik verknüpft, Ersatzraten sind bei niedrigen Einkommen höher als bei höheren.
- Wenn Steuern und Staatsausgaben hoch sind, müssen sie auf ihren Einfluss auf die Wettbewerbsfähigkeit und die Produktivität überprüft werden. Die Qualität der Staatsausgaben ist mindestens so wichtig für die Wettbewerbsfähigkeit wie ihre Höhe. Transfers verlieren relativ an Bedeutung zu öffentlichen Dienstleistungen und zu investiven Komponenten. Einrichtungen und Vertragsformen werden forciert, die Beruf und Familie oder Beruf und Weiterbildung vereinbaren. Jedes Gesetz wird neben Wettbewerbsaspekten in Richtung ökologische und soziale Folgen bewertet.
- Die Löhne entwickeln sich in Einklang mit der Produktivität, ein Abwertungswettlauf wird vermieden (selbst in den Ländern, wo er noch möglich wäre). Dennoch ist nicht die individuelle Position garantiert, sondern die Voraussetzungen zur Wiederaufnahme einer Beschäftigung werden verbessert. Neben dem Vollzeitarbeitsplatz gibt es unterschiedliche Formen der Teilzeit- und der Kurzzeitverträge. Diese sind mit anteiligen Sozialleistungen verbunden. Die Wahl der Flexibilität soll von Arbeitgeber und Arbeitnehmer symmetrisch bestimmt werden und soll auch nach Geschlechtern gleichmäßig verteilt sein. Personen,

die in bestimmten Lebensphasen Flexibilität akzeptieren, haben Vorrang, wenn später von derselben Firma Vollzeitarbeitsplätze angeboten werden.

- Eine neue kinderzentrierte Familienpolitik wird entwickelt mit qualitativ hochwertigen, flächendeckenden und leistbaren Betreuungseinrichtungen, um erstens die kognitiven Fähigkeiten der kommenden Generationen früh zu entwickeln und auf die Herausforderungen der neuen wissensbasierten und flexibleren Arbeitswelt vorzubereiten; um zweitens soziale Vererbung zu verringern; sowie drittens die Vereinbarkeit von Familie und Beruf zu verbessern und die Erwerbschancen von Frauen zu erhöhen.
- „Welfare-to-work"-Elemente werden implementiert mit dem Ziel, die Grenzsteuersätze bei Aufnahme von Arbeit zu verringern. Der Unterschied zwischen Brutto- und Nettolohn besonders im Bereich der Niedrigeinkommen wurde reduziert. Für Problemgruppen werden negative Einkommenssteuer, Wiedereingliederungsbeihilfen oder Kombilöhne staatlich forciert. Arbeitsmarktpolitik wird stärker dezentralisiert, der Schulungs- und Weiterbildungsaspekt forciert und alle Problemgruppen (inkl. Sozialhilfe, beschränkt Vermittlungsfähige) einbezogen.
- Teilzeitarbeit und Flexibilität werden auch als bewusste Wahl im Lebenszyklus angesehen, Sozial- und Pensionsrechte sind mit ihnen (pro rata, d.h. anteilig je nach Stundenzahl) verbunden, Teilzeit ist auch ein individuelles Recht (für Auszeiten, Weiterbildung, Familiengründung, Pensionsvorbereitung) und nach Geschlechtern gerecht verteilt ("managed and balanced flexibility").

Unterschiede zum amerikanischen Modell

Das europäische Modell unterscheidet sich auch nach diesen Reformen und teilweise gerade durch sie deutlich vom amerikanischen Modell:

- Die abgedeckten Risken sind in Europa umfangreicher und daher die Wohlfahrtskosten höher, der Versuch, Einkommensunterschiede auszugleichen, bleibt ein Kernelement des europäischen Gesellschaftsmodells. Ein Niedrigpreis und -lohnsektor wird nicht langfristig akzeptiert. Die Rolle der Arbeitsmarktinstitutionen ist mehr auf Hilfe und Förderung ausgerichtet.
- Ökologische Ziele, umfangreiche Riskenabsicherung, Vermeidung der Armut und Fairness in der Einkommensverteilung werden durch Steuern und Rahmenbedingungen abgesichert. Im Bereich der Schulen und der Gesundheit wird ein hoher Teil in öffentlichen Einrichtungen angeboten.
- Die öffentliche Hand übernimmt eine proaktive Rolle im Bereich der Forschung, der Industriepolitik, der Aus- und Weiterbildung, indem sie Anreize bietet, in diese Bereiche zu investieren.
- Sozialpartner spielen eine Rolle in der Festlegung der Lohnskala und der Lohnhöhe, sie beeinflussen gemeinsam mit der Regierung und unter Anhörung von Experten die Institutionen und die Wirtschaftsgesetze.

8 | Eine Wachstumsstrategie für Österreich ist möglich und nötig

Mittelfristige Prognose: etwas mehr Wachstum, konstant hohe Arbeitslosenquote

Die mittelfristige Prognose des WIFO erwartet für die nächsten fünf Jahre (bis 2009) ein durchschnittliches Wachstum von 2,3 %. Dieses Wachstum liegt etwas höher als im Euroraum (2,1 %), weil die neuen EU-Mitgliedsländer – aber auch die südeuropäischen Länder – stärker expandieren und weil Verlagerungen von Ausgaben zugunsten von Zukunftsausgaben stattfinden. Das Wachstum ist aber nicht stark genug, um die Arbeitslosenrate zu senken. Sie verharrt auf 4,5 % nach EU-Berechnung und 7,1 % nach nationaler Statistik. Das bedeutet in absoluten Zahlen einen Anstieg auf fast 260.000 im Jahr 2009 (2005: 247.000). Die Beschäftigung steigt mit 0,9 % pro Jahr also um ca. 30.000. Das Arbeitsangebot steigt im selben Ausmaß (relativ, absolut etwas stärker). Das stark steigende Arbeitsangebot ergibt sich aus (i) einem Anstieg der Bevölkerung im erwerbsfähigem Alter (+0,3 u. a. durch Einbürgerungen), (ii) Ausweitung der Zahl der Saisoniers und der Gastarbeiter aus alten Mitgliedsländern, (iii) der Erleichterung von Arbeitsgenehmigungen für Ausländer, die sich im Inland aufhalten und (iv) der Verringerung der Frühpensionen.

Wachstum muss Priorität Nr. 1 werden

Nicht zuletzt diese Prognose legt es nahe, die Anhebung des Wachstumspfades zur wirtschaftlichen Priorität Nr. 1 zu machen. Ohne Wachstum von mehr als 2,5 % wird die Arbeitslosigkeit nicht sinken, das Budget mittelfristig nicht „close to zero" kommen, das Pensionssystem nicht nachhaltig stabilisiert sein.

Wachstum war bisher weder in Europa noch in Österreich das prioritäre Ziel. In Europa waren es Stabilität und Einführung des Euro und Binnenmarkt, in Österreich hatte Budgetstabilisierung, Pensionsreform und Kindergeld einen höheren Aufmerksamkeitswert (wenn auch dreimal durch Pakete und letztlich durch die Steuerreform Wachstumsimpulse gegeben wurden.)

Es gibt auch noch immer keinen vollen Konsensus und volle Unterstützung für eine Wachstumsstrategie. Viele geben Wachstum Nachrang hinter immateriellen Zielen (Glück, Wohlstand...). Das ist eine Sache der Präferenzen, die ein Wissenschaftler nicht zu kritisieren, sondern nur festzustellen hat. Ich habe allerdings das Gefühl, dass gerade die wohlhabenderen Schichten dann doch eine hohe Präferenz für mehr Geld haben, wie sich im erbitterten Widerstand gegen Umverteilung, gegen Aufhebung von Sonderrechten und im Plädoyer für hohe Managergehälter zeigt.

Noch wichtiger ist aber, dem Irrtum entgegenzutreten, dass es möglich ist, ohne Wachstum die Arbeitslosigkeit zu senken. Eine Reduktion der Arbeitslosigkeit ohne Wachstum ist in der Regel mit erheblichen dirigistischen Eingriffen verbunden. Jeder muss kürzer arbeiten, niemand darf den Lohnausfall kompensieren dürfen durch längere Arbeit oder Zweitjob. Die Rate des arbeitssparenden technischen Fortschrittes muss reduziert werden, arbeitsintensivere Techniken müssen verordnet werden. Das ist sehr schwer in einer Marktwirtschaft. Was leicht geht, wird ohnehin schon getan: Es gibt mehr Teilzeitbeschäftigung. Und das Produktivitätswachstum in der mittelfristigen Prognose des WIFO liegt mit 1,4 % unter den Erfahrungen der achtziger und neunziger Jahre (und dem, was man für den autonomen Trend des technischen Fortschrittes hält).

Übersicht 1 | **Konjunktur 2003 bis 2006**

	2003	2004	2005	2006
Österreich	1,4%	2,4%	1,9%	2,4%
Euro-Raum	0,7%	2,1%	1,3%	2,1%
EU 15	0,9%	2,1%	1,3%	2,1%
EU 25	1,2%	2,4%	1,5%	2,2%

Q: Wifo-Prognose

Zusammenfassend: Es gibt sicher auch Möglichkeiten, mit etwas geringerem Wachstum als 3 % die Arbeitslosigkeit zu senken, darunter auch einige positive Maßnahmen (Bildungsfreistellung, Teilzeit in der gewünschten Lebensphase). Aber die meisten Maßnahmen zur Reduktion der Arbeitslosigkeit ohne Wachstum sind passiv und dirigistisch (Verbote von Überstunden, Erschwerung von Arbeitsbewilligungen), sodass eine Anhebung des Wachstums – mit Berücksichtigung der Ressourcenschonung – der bessere Weg ist.

Sieben Elemente einer Wachstumsstrategie

Österreich befindet sich somit an der Wegkreuzung zwischen alten Strukturen und neuen Anforderungen. Die neuen Anforderungen werden in der Lissabon-Strategie vorgezeigt, sie wurden für Österreich vom WIFO in sieben Strategielinien vorgezeichnet. Forschung, Ausbildung, Weiterbildung, Infrastruktur, Arbeitsmarktreformen, Betriebsgründungen und Umwelttechnologie. Die ersten vier Strategien definieren die Wettbewerbsfaktoren, die darüber entscheiden werden, ob Österreich in der neuen Situation seine exzellente Einkommensposition halten und ausbauen kann. Alle Strategieelemente zusammen sollten es möglich machen, den Wachstumspfad Österreichs zu heben. Die Schwierigkeit der Aufgabe der Wirtschaftspolitik liegt allerdings darin, dass man alles längere Zeit richtig machen muss, und dass die Wirtschaftspolitik auch verstanden und kommuniziert werden muss, wenn es gelingen soll, den Wachstumspfad ein paar Zehntelprozente zu heben.

Die Elemente einer Wachstumsstrategie, die auf den sieben Strategielinien beruhen, wurden beim Dialog für Wachstum und Beschäftigung am 1. Mai 2005 der Öffentlichkeit vorgestellt und in Aiginger et al. (2005) dokumentiert. Es sind auch seither Maßnahmen ergriffen worden im Bereich Forschung, Ausbildung, Qualifikation, Infrastruktur (vgl. Übersicht 2); die Wirkung dieser Annahmen wird mit 0,1 % zusätzlichem Wachstum 2005 und 0,3 % 2006 quantifiziert.

Übersicht 2 | Wachstumsstimulierende Maßnahmen Österreichs seit Mai 2005

	2005	2006
	Volumen in Mio. €	
Forschungsmilliarde	50	75
Infrastruktur-Sofortprogramm	150	150
Qualifizierungsoffensive	0	285
Auftragsforschung-Steuerfreibetrag	-	50
Regionaloffensive	60	190
Gesamtvolumen der Maßnahmen	260	750
Gesamtvolumen in % des BIP	0,1	0,3

Q: WIFO-Berechnungen

9 | Einige Reformansätze im Detail

Eine ausführliche Analyse der österreichischen Position nach den wichtigsten makroökonomischen Indikatoren findet sich in Aiginger (2005) und Walterskirchen (2004). Die sieben Strategielinien zur Erhöhung des mittelfristigen Wachstums sind in Aiginger et al. (2005) skizziert. Wir wollen hier einige Punkte beleuchten, die in der Diskussion bisher nicht voll zum Ausdruck gekommen sind:

(1) Die große Überraschung: das Ausmaß des Arbeitsangebotanstiegs

Die neue Bevölkerungsprognose geht davon aus, dass das Arbeitsangebot noch bis 2014 steigen wird, und zwar zunächst sehr stark und dann flacher. Für 2005 und 2006 beträgt der Anstieg des Angebots (an Erwerbspersonen) 40.500 bzw. 36.500[7] Dies kommt zu dem Anstieg von 85.500 seit 2000.

Die Bevölkerung im Alter zwischen 15 und 59 wird in den Jahren ab 2030 weit weniger stark abnehmen als bisher prognostiziert. Die Zahl der erwerbsfähigen Personen (15-59 Jahre) wird sich vor allem durch Zuwanderung noch leicht erhöhen (bis 2014) und erst langfristig wieder zurückgehen. Ab 2020 werden deutlich mehr Personen ins Pensionsalter übertreten als Jugendliche bzw. Zuwanderer hinzukommen.

Die neuesten Prognosen gehen zusammenfassend davon aus, dass die Bevölkerung von heute 8,17 Mio. (2005) auf 9 Mio. im Jahr 2050 expandieren wird. Der Zuwachs wird durch Zuwanderung und durch einen leichten Anstieg der Fertilität zwischen 2010 und 2030 von 1,4 auf 1,5 Kinder/Frau zustande kommen. Frauen bekommen immer später ihre Kinder, damit dürfte zumindest ein Teil der bisher aufgeschobenen Geburten in Zukunft noch „nachgeholt" werden.

Bevölkerungsprognose 2004 bis 2050

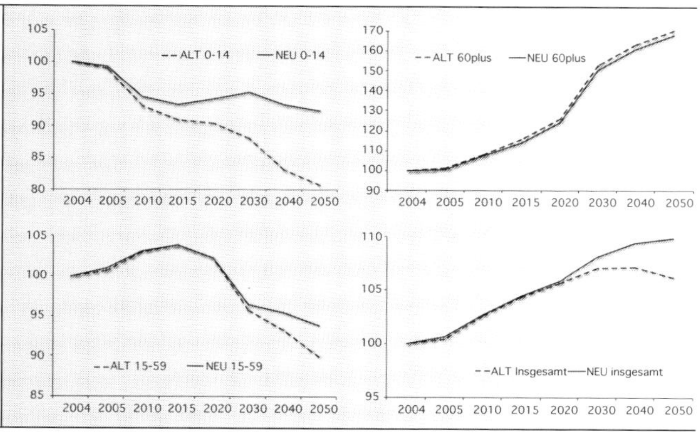

Abbildung 7
Q: WIFO-Berechnungen, ST.AT.

7 Der Anstieg der Bevölkerung im erwerbsfähigen Alter von 15-64 Jahren betrug 2005 bzw. 2006 12.700 bzw. 9.000; von 15-59 Jahren 40.500 bzw. 36.500. Der Gesamtanstieg laut Bevölkerungsprognose 2005 bis 2015 beträgt 151.000 Personen (15-59).

Österreich wird für EU-15-Ausländer attraktiver, ihr dauerhafter Aufenthalt in Österreich ist jedoch fraglich; Arbeitskräfte aus der EU zeichnen sich durch einen zeitlich befristeten Aufenthalt in Österreich aus, während Personen aus den traditionellen Gastarbeiterregionen sich oft dauerhaft in Österreich niederlassen.

Übersicht 3 | **Bevölkerungsprognose 2004 bis 2050**

	ALT				NEU (Hauptvariante)			
	0-14	15-59	60+	Gesamt	0-14	15-59	60+	Gesamt
2004	1,314,206	5,010,395	1,785,285	**8,109,886**	1,325,997	5,059,720	1,789,016	**8,174,733**
2005	1,300,000	5,041,707	1,800,924	**8,142,631**	1,316,803	5,105,440	1,803,366	**8,225,609**
2010	1,224,148	5,159,803	1,932,080	**8,316,031**	1,254,769	5,219,908	1,922,579	**8,397,256**
2015	1,193,985	5,205,117	2,061,017	**8,460,119**	1,238,358	5,256,839	2,041,409	**8,536,606**
2020	1,187,253	5,122,303	2,255,314	**8,564,870**	1,248,694	5,174,547	2,227,754	**8,650,995**
2030	1,158,038	4,795,932	2,731,240	**8,685,210**	1,262,656	4,880,101	2,695,642	**8,838,399**
2040	1,093,432	4,673,999	2,920,895	**8,688,326**	1,238,435	4,827,905	2,883,188	**8,949,528**
2050	1,061,599	4,504,696	3,043,658	**8,609,953**	1,225,754	4,749,122	3,011,157	**8,986,033**

Q: WIFO-Berechnungen, ST.AT.

Keine Entwarnung gibt es bei der langfristigen Prognose der Überalterung, sie wird etwas hinausgeschoben, bleibt aber als Charakteristik Europas und Österreichs erhalten. Die Zahl der Bevölkerung 75+ steigt bis 2050 auf 1,44 Mio. (+132% gegenüber 2004). Das Durchschnittsalter nimmt um 6,1 Jahre zu.

Die Konsequenzen dieser neuen Trends sind:

- Das Arbeitsangebot (15-59 Jahre) steigt bis 2014, der anschließend einsetzende Rückgang wird ab 2030 jedoch geringer ausfallen als ursprünglich angenommen.
- Die Strategie, zur Entlastung des österreichischen Arbeitsmarktes die Wachstumsraten – in Österreich und in den Nachbarländer – zu erhöhen, nimmt an Bedeutung weiter zu.
- Die Notwendigkeit der Weiterbildung wird noch größer. Die neuen Arbeitskräfte sind zwar bei ihrem Eintritt in den Arbeitsmarkt relativ gut qualifiziert. Wenn sie aber später von der nächsten Generation verdrängt werden oder älter werden, genügen die bisherigen Qualifikationen nicht. Die Halbwertszeit der Verwertbarkeit der Erstausbildung sinkt infolge fortschreitender Technisierung und technologischen Wandels.
- Ein erheblicher Teil des steigenden Angebots (und auch der inländischen Komponente des Anstiegs) hat einen Migrationsbackground. Wenn die Qualität der Arbeitskräfte für die Konkurrenzfähigkeit eines Standortes entscheidend ist, dann muss auch die dynamische Komponente der Migranten Zugang zur Höherqualifikation und Weiterbildung haben.
- Die starke Zunahme der Bevölkerung 75+ stellt das Gesundheitssystem vor eine neue Herausforderung.

(2) Bund/Länder/Region/EU: Kompetenzkonflikte beenden

Die Probleme und die Chancen von Regionen sind unterschiedlich, selbst innerhalb von Österreich. Die Bezahlung von Landeslehrern nach Bevölkerungsschlüssel durch den Bund ist ungenügend, da es am Land das Problem gibt, die Qualifikationsreserven der ländlichen Bevölkerung zu wecken und das Geschlechterbild radikal zu verändern, in der Stadt die Priorität aber darin besteht, die sprachlichen Barrieren von Migranten und psychologische Barrieren zur Weiterbildung für Migranten der zweiten Generation zu beseitigen.

Der Bund kann und soll Forschung fördern, aber die Verbindung zwischen Wirtschaft und Forschung und Fachhochschulen und AHS ist je nach Region verschieden. Nachbesserungen auf Landesebene im Forschungsbereich sind heute so wichtig, wie es Landes- und Ortsstraßen, Strom-, Gas- und Wasserrohre vor zwanzig Jahren waren (letztere sind heute noch wichtig, bestimmen aber nicht die Exzellenz eines Industriestandortes).

(3) Exzellenzuniversität und Hochschulbudgets

Die Universitäten wurden in den letzten Jahren (teilweise Jahrzehnten) mehreren und zuletzt einer sehr couragierten Reform und Restrukturierung unterzogen. Wahrscheinlich sind sie jetzt für die Zukunft besser aufgestellt, die Ausbildungsprofile sind besser definiert, die Eigenverantwortung betont, moderne Managementmethoden finden langsam Eingang, Barrieren zur Wirtschaft sind gelockert, Karrieren sind strenger abgezeichnet, Reserven aufgestöbert. Nicht alles ist gelungen und optimal gelaufen, aber per Saldo neigt sich die Bilanz zum Positiven. Aber jetzt brauchen sie mehr Geld. Nicht nur zur Bilanzierung, sondern auch für die Ausführung von Aktivstrategien. Es ist sicher auch gut, wenn Österreich eine Exzellenzuniversität errichten kann, und es ist sicher auch gut, wenn die Zahl der Privatuniversitäten steigt, aber die zentralen Universitäten brauchen mehr Geld, wenn sie die erwünschte Ausweitung der Studentenzahlen bewältigen sollen, wenn sie Exzellenz in der Forschung bieten sollen und wenn sie Knowledge zur Unterstützung des Wirtschaftsstandortes bieten sollen. Ein Finanzierungsplan für die Universitäten bis 2010 wäre zu erstellen, in dem die Exzellenzuniversität, der normale Studienbetrieb, die Schwerpunktsetzung in der Forschung, die Förderung von Exzellenzzentren an den bisherigen Universitäten und die Finanzierung der außeruniversitären Forschungsinstitute Platz haben. Der Plan kann und soll private Mittel, Stiftungen, Länder und Gemeindemittel enthalten.

(4) Polytechnikum

Das Sandwichjahr zwischen Hauptschule und Berufseinstieg ist ein ungeliebtes Kind früherer Bildungsreformen, es ist für Jugendliche in einer schwierigen Phase heute ein „Ärgernis“ und wird oft als Zeitverschwendung gesehen (exzellente Ausnahmen bestätigen die Regel). Dabei wäre es das wichtigste Jahr für die Berufsvorbereitung: In diesem Jahr kann der letzte Schliff an die Ausbildung gelegt werden, Lücken können beseitigt werden, der Berufseinstieg kann geprobt, simuliert und optimiert werden, Weiterbildungspfade können gestartet werden. Der Einstieg in den richtigen Beruf, ein(e) optimale(r) Lehrherr(in), Geschick bei Vorstellung und Bewerbung kann das Lebenseinkommen entscheidend bestimmen, ebenso determiniert der erste Berufsschritt die Wahrscheinlichkeit der späteren Arbeitslosigkeit. Wahrscheinlich wären im polytechnischen Jahr Experimente, Modul- und Kurssysteme besonders wichtig.

(5) Weiterbildung als Gemeindeaufgabe

Weiterbildung ist heute Bundeskompetenz. Eine Vielzahl von privaten und sozialpartnerschaftlichen Institutionen hat sich entwickelt. Die Landschaft ist nicht immer überschaubar, Ausbildungsinhalte werden teilweise doppelt angeboten, teilweise fehlen Angebote. Sie bauen nicht aufeinander auf, Erfolge sind nicht immer messbar und schlagen sich auch nicht immer in höheren Löhnen nieder. Modularisierung, Zertifizierung und Internationalisierung sind daher nötig.

Auf der anderen Seite hat Weiterbildung auch eine dezentrale Komponente. Die Motivation und der Erstanstoß könnten auch von unten kommen. Ähnlich wie beim Straßenbau, wo auch dezentral der Bedarf festgestellt und dann um Landes- oder Bundesgelder geworben wird, sollte jede Gemeinde ein Profil der tatsächlichen Ausbildung und der gewünschten, potentiellen Ausbildung erstellen und dann versuchen, einen Teil der Differenz zwischen derzeitigen und gewünschten Qualifikationen regional zu eliminieren. In einigen Gemeinden wird es die ungleiche Nutzung des Potentials der weiblichen Bevölkerung sein (traditionelle Ausbildungsmuster z.B. in Agrargemeinden), in anderen die Qualifikationslücke bei Lehrlingen, in der dritten die Weiterbildung in technischen, modernen, informationstechnologischen, sprachlichen Richtungen. Auf der anderen Seite gibt es heute durch Frühpensionierungen, fehlende Jobangebote für qualifizierte Angestellte nach Kündigung oder Absiedelung der Firma, aber auch durch Personen mit Teilausstieg aus der Erwerbstätigkeit ein Potential an Ausbildnern und Motivatoren, das nicht genützt wird. Räumlichkeiten in Schulen, Postämtern, Gemeindeämtern, Gasthöfen können zu Internetcafés und Ausbildungseinrichtungen umgewidmet werden. Dezentrale Weiterbildungszentren können nicht die bestehenden Weiterbildungseinrichtungen ersetzen, aber eine wertvolle Ergänzung bringen und Weiterbildungsgedanken breiter in der Bevölkerung verankern.

(6) Lehrlinge im Dienstleistungssektor

Die Ausbildung von Lehrlingen gehört zu den Stärken der österreichischen Wirtschaft. Ein erheblicher Teil wird in Industrie- und Gewerbebetrieben und hier wieder in eher traditionellen Berufen und reifen Wirtschaftszweigen ausgeführt. Auch im Dienstleistungssektor dominieren traditionelle Lehrlingsangebote im Bereich persönlicher Dienstleistungen. Im Bereich der modernen, produktionsnahen Dienstleistungen, in den stark wachsenden Informations- und Softwarebetrieben sind Lehrlinge die Ausnahme. Dieses Potential sollte gehoben werden, bedarf aber neuer Lehrberufe (diese sind schon konzipiert), komplementärer außerbetrieblicher oder kooperativer Ausbildung und der breiten Durchsetzung (angebots- und nachfrageseitig).

(7) Expertenentwürfe für eine optimale Steuerstruktur in der globalisierten Wirtschaft

Es ist jetzt nicht der richtige Zeitpunkt, eine Steuerreform politisch zu diskutieren. Die letzte Reform ist gerade in Kraft getreten und die Wirkungen sind noch nicht voll analysiert. Der erste finanzielle Spielraum im Budget, der sich ergibt, muss für eine Wachstumsstrategie genützt werden, da die erwünschten Mittel für Innovation, Ausbildung, Weiterbildung und Infrastruktur nicht voll aus dem privaten Sektor kommen können. Der Spielraum für eine Steuerreform, die auch eine Steuersenkung bringt, muss erst durch eine Verwaltungsreform erarbeitet werden.

Dennoch ist es günstig, gerade in einer Zeit, in der kein Umsetzungsdruck besteht, die optimalen Strukturen in Expertenkreisen zu diskutieren. Die Entlastung des Faktors Arbeit – und insbesondere der niedrigen Einkommen – von Sozialabgaben ist wahrscheinlich die vordringlichste Aufgabe. Nur so kann die Arbeitslosigkeit bei den weniger qualifizierten Jobs gesenkt werden, ohne die Ungleichheit der Einkommen zu erhöhen. Eine konsequente, langfristige Strategie der Besteuerung von Energie, Verkehr und Umweltbelastung erhöht den Spielraum für eine Verringerung der Lohnnebenkosten. Der Beitrag der hohen Einkommen und Vermögen zur Finanzierung des Sozial- und Gesundheitssystems soll emotionslos diskutiert werden, ebenso wie die technische Möglichkeit der Besteuerung von Finanztransaktionen. Der Beitrag von Privatisierungseinnahmen soll ohne Privatisierungshast, aber auch ohne Privatisierungsangst überprüft werden. Unter Zeitdruck und ohne auf Dauer haltbare Gesamtkonzeption und ohne Berücksichtigung des internationalen Kontexts verringern sich die Gestaltungsoptionen. Und das Steuersystem mit seiner Umverteilung von 2/5 aller finanziellen Mittel einer Volkswirtschaft ist ein entscheidender Wettbewerbsfaktor für ein reiches Land.

(8) Genderprobleme

Die verbleibende Ungleichheit der Löhne, Erwerbsbeteiligung, Funktionen der Geschlechter in Österreich ist angesichts des Reichtums des Landes und seiner internationalen Position ein Ärgernis und ein Verlust für die Wettbewerbskraft des Landes. Es ist auch zu befürchten, dass sich die Position der Frauen in einer Zeit hoher Arbeitslosigkeit, steigender Teilzeitarbeit, verringerter Betriebszugehörigkeit, stärkerer Internationalisierung der Berufskarrieren nicht automatisch verändert. Über die hohe und zum Teil vergleichsweise höhere Berufsqualifikation entsteht zwar ein Trend zu einer größeren Gleichheit, er müsste aber durch das Recht auf Kinderbetreuungseinrichtungen und die Praxis von Berufsunterbrechungen von Männern gestärkt werden. Vom Gerechtigkeitsstandpunkt wie auch vom Effizienzstandpunkt besteht in der Genderproblematik ein großer Handlungsbedarf (typisch für das kontinentale europäische Sozialmodell).

(9) Experimentierbereitschaft

Für viele Probleme gibt es keine Patentrezepte. Ein Beispiel ist die Notwendigkeit, bei Pflege- und Gesundheitsleistungen den Bedarf zu decken, der derzeit auf Grund der hohen Lohnnebenkosten nicht legal und nicht durch Inländer gedeckt wird. Eine weitere Frage ist, wie man generell den Wiedereinstieg von entmutigten Arbeitskräften forcieren kann. Viele Modelle sind fehlgeschlagen, weil sie entweder zu teuer oder wirkungslos waren. Die Gefahr, die tariflichen Mindestlöhne zu unterschreiten und ein dauerhaftes Niedriglohnsegment zu öffnen, ist nicht von der Hand zu weisen. Regionale Experimente unter wissenschaftlicher Kontrolle sind möglich und nötig.

(10) Forcierung von Umweltzielen ist Teil der Wachstumspolitik

Das Plädoyer für mehr Wachstum darf nicht als Verringerung des Stellenwertes des Umweltzieles interpretiert werden. Der größte Teil des Wachstums in einem Hochlohnland erfolgt durch Qualitätssteigerung und durch mehr und höherwertige Dienstleistungen, für den Rest können Rahmenbedingungen die ökologische Vertretbarkeit steigern. Ein genereller Gegensatz zwischen Wachstum und Umwelt war in der ersten Phase der Umweltdiskussion gesehen worden. Heute weiß man, dass entgangene Umweltinvestitionen zu höheren Kosten nachgeholt werden müssen. Zusätzlich weiß man, dass eine nationale Vorreiterschaft bei Umweltzielen auch einen Wachstumsschub bedeuten kann. Das führende Land in der Umwelttechnologie kann seine Position durch First Mover Advantages und Referenzprojekte stärken. Österreich ist bei Umwelttechnologie stark vertreten, diese Technologie passt auch zum Image Österreichs in Kultur, Tourismus und Problemlösungskapazität. Das kann ein wertvoller Ansatzpunkt zur Vermarktung Österreichs als Technologieland sein. Diese genannten Punkte betreffen teils kleine, teils größere Bereiche. Sie sollen jene sieben Strategien ergänzen und illustrieren, die als zentral für eine Wachstumsstrategie erkannt wurden.

10 | Zwischen skandinavischem Vorbild und deutscher Reformblockade

Vergleicht man das österreichische Wirtschafts- und Sozialmodell mit jenem anderer europäischer Länder, so liegt es zwischen dem kontinentaleuropäischen und dem skandinavischen Modell des Wohlfahrtsstaates, das erste vielleicht von Deutschland und Frankreich geprägt, das zweite von Schweden und Dänemark. Angesichts des unterschiedlichen Erfolges der Ländergruppen ist es wichtig, welches Modell in Österreich angestrebt wird.

Am skandinavischen Modell (oft „flexibler Kapitalismus" genannt) besticht die Fähigkeit, letztlich nach vielen Krisen die Kombination aus notwendigen Reformen, langfristiger Absicherung und technologischer Exzellenz zu suchen, die notwendig ist, um in einer turbulenten Weltkonjunktur zu bestehen. Am deutschen Modell (oft „Rheinländisches Modell" genannt) bedrücken die Reformblockaden zwischen Regierung und Opposition, die Abfolge der Maßnahmen, die Häufigkeit von Kurswechseln, das Fehlen einer langfristigen Strategie. Die Technologielücke und die Ineffizienz im Ausbildungssystem wurden Ende der achtziger Jahre geortet, aber in den neunziger Jahren von Problemen der deutschen Einigung verdrängt. Die Bauwirtschaft wurde in den neunziger Jahren zur profitabelsten Sparte gefördert, der Aufbau oder Erhalt von Produktionsbetrieben wurde vergessen, die Dienstleistungslücke nicht geschlossen. Budgetdefizite ergeben sich, ohne geplant zu werden, eine Steuerreform ergab eine Nettosteuerzahlung des Staates an die Firmen. Der Arbeitsmarkt wurde reformiert, nachdem sich angebotsseitige und budgetpolitische Maßnahmen erschöpft hatten und die defensive Wirkung überwiegen musste (ohne dass ein Weiser das erkannte). Ein-Euro-Jobs und Mindestlöhne für Ausländer sind kein Widerspruch. Die Kombination einer Steuerreform, die den Standort Deutschland attraktiver machen soll, mit der Beschimpfung von Investoren war dann der letzte Schritt.

Österreich hat einige Elemente des skandinavischen Modells erkannt: Die radikale Veränderung der Umwelt durch Ostöffnung und EU-Erweiterung wurde zur Kenntnis genommen und spiegelte sich in der günstigen Behandlung der Unternehmer wider (KÖST-Senkung, Gruppenbesteuerung, nicht entnommene Gewinne), die Notwendigkeit in Forschung zu investieren wird gesehen, die Umstellung des Ausbildungssystems wurde begonnen (Fachhochschulen, Universitätsreform). Den Anreizwirkungen am Arbeitsmarkt wird Aufmerksamkeit geschenkt (Mobilitätserfordernisse erhöht, Wiedereingliederungsbeihilfen). Andererseits liegt der österreichischen Wirtschaftspolitik traditionell keine umfassende Strategie zugrunde. Es gibt weder eine langfristige, dokumentierte Strategie für den Wirtschaftsstandort Österreich 2020 noch langfristige „Weißbücher" für einzelne Teilbereiche der Politik (Weiterbildung, Industriepolitik, Arbeitsmarktpolitik,

Umweltpolitik, Steuerpolitik etc.). Reformen erfolgen eher bruchstückhaft und anlassbezogen. Es gibt auch heute keinen Konsens zwischen Experten, Regierung und Vertretern der Sozialpartner, der über die Parteigrenzen und Legislaturperioden hinausgeht. Dieser wäre notwendig, um den Konsumenten und Unternehmern das Vertrauen in Wirtschaftsentwicklung und Wirtschaftspolitik zu geben, das Wissen, dass alles geschieht um die Chancen aus der neuen wirtschaftlichen und geopolitischen Situation zu nützen und den Verlierern des Veränderungsprozesses neue Möglichkeiten aufzuzeigen.

F & E-Ausgaben in % des BIP

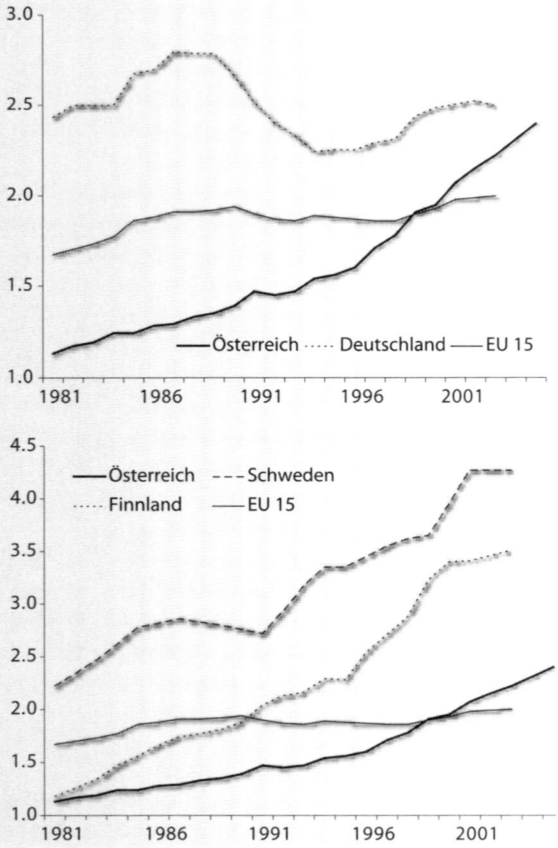

Abbildung 8
Q: OECD (MSTI)

11 | Zusammenfassung

(1) Österreich hat nicht nur den Rückstand im Pro-Kopf-Einkommen (von ca. 20 % gegen Deutschland und Westeuropa in den sechziger Jahren) aufgeholt, sondern auch einen Vorsprung von etwa 10 % gegen den Durchschnitt der EU-15 herausgearbeitet. Heute ist die Frage, ob dieser Vorsprung angesichts der neuen europa- und weltweiten Konkurrenz gehalten oder sogar ausgebaut werden kann.

(2) Die bisherigen Stärken in der Kostenposition und Qualifikation und als Standort von Filialbetrieben sind teils nicht mehr gegeben, teils nicht im selben Ausmaß für ein Hocheinkommensland wichtig wie für den Aufholprozess. Die Faktoren, die die Wettbewerbskraft in der globalisierten Wissensgesellschaft einer hoch entwickelten Ökonomie bestimmen, sind in Österreich erst im Entstehen. Das Tempo des Erwerbes der neuen Stärken ist angesichts der raschen Veränderungen und der Neupositionierung von Standorten ein wichtiger Faktor.

(3) Die Entwicklung des Arbeitsmarktes mit dem teils dramatisch steigenden Wachstum des Arbeitsangebotes bis zumindest 2014 lässt keine andere Wahl zu, als das Wachstumstempo zu erhöhen. Das derzeitige Wachstumstempo von 1,5 % in den letzten fünf Jahren und 2,3 % in der mittelfristigen Vorschau sind nicht ausreichend, um die Arbeitslosigkeit auch nur auf ihrem jetzigen, gestiegenen Niveau zu halten.

(4) Während der Hauptbeitrag zur Beschäftigungssteigerung vom Wachstum kommen muss, kann ein wertvoller Zusatzeffekt (sekundäre Strategie) von der Flexibilisierung des Arbeitsmarktes und dem besseren Zusammenwirken von angebotenen und nachgefragten Qualifikationen kommen. Der Beitrag von intelligenten Strategien der Angebotsreduktion (Perioden der Weiterbildung, freiwillige Teilzeit in bestimmten Lebensphasen) kann unterstützend sein, ist aber quantitativ von geringerer Bedeutung. Das Produktivitätswachstum ist in Österreich durch die Wahl eines relativ arbeitsintensiveren Wachstumspfades ohnehin schon niedriger als in der Vergangenheit.

(5) Eine wesentliche Unterstützung für eine österreichische Wachstumsstrategie könnte von einer Förderung des Wirtschaftswachstums in den Nachbarländern und in der EU insgesamt kommen. Ein rascher und effizienter Ausbau der europäischen Infrastruktur und die Forcierung der Lissabonstrategie in allen Mitgliedsländern wäre sehr hilfreich. Es besteht auch Hoffnung, dass die EU nach einer stärker restriktiven Phase (u.a. zur Einführung der Währung und der Beseitigung extremer Budgetdefizite) auf eine wachstumsfreundlichere makroökonomische Steuerung einschwenken wird. Initiativen zur Verbesserung der Qualität der Staatsausgaben auf europäischer Ebene sind auch in Österreich zu forcieren. Der Reifegrad der großen neuen Technologien

(Informationstechnologie und Biotechnologie haben ihre „Startphase" hinter sich) könnte zu einem heute unterschätzten Wettbewerbsvorteil Europas werden, da Europas Stärke in der schrittweisen Innovation liegt. Ebenso könnte die Umwelttechnologie zu einer europäischen Stärke ausgebaut werden.

(6) Ob es zu einer Unterstützung des österreichischen Wachstumspfades durch die europäische Politik kommt, ist nicht sicher. Der Gipfel in Luxemburg hat die Weichen im Prinzip in die richtige Richtung gestellt (Berücksichtigung unterschiedlicher Möglichkeiten in der Expansionsstrategie, Stärkung der nationalen Verantwortung in der Lissabonstrategie). Ein paar Monate nach dem Gipfel von Luxemburg ist es nicht klar, ob diese Prioritäten eingehalten werden. Die Nationalen Lissabonpläne werden zeigen, ob die Mitgliedsländer die ambitionierten Ziele nun zu eigenen Strategielinien gemacht haben.

(7) Die Kritik, dass Europa wegen seiner hohen Löhne, anspruchsvoller Sozialleistungen und aufwändiger Umweltgesetzgebung prinzipiell nicht wettbewerbsfähig ist, greift zu kurz. Langfristig wächst Europa etwa gleich rasch wie die USA, die Produktivität ist sogar bis Anfang der neunziger Jahre rascher gewachsen. In den letzten 10 bis 15 Jahren ist Europa in der Dynamik von Produktion, Produktivität und Beschäftigung zurückgefallen (bei der letzteren am wenigsten, da Europa, um die Arbeitslosigkeit zu senken, einen relativ arbeitsintensiven Wachstumspfad gewählt hat). Die Gruppe mit der relativ besten Gesamtperformance (gemessen an einer breiteren Zielpalette) sind die skandinavischen Wohlfahrtsstaaten. Der wirtschaftliche Erfolg dieser Länder beruht auf drei Säulen. Die erste ist privates und öffentliches Kostenbewusstsein. Zweitens wurden die ökonomischen Anreize besonders am Arbeitsmarkt wachstumsfreundlich gesetzt: temporäre Arbeitsverhältnisse sind frei gestaltbar, aber mit einem Minimum an Sozialleistungen verbunden. Das Arbeitslosenentgelt ist relativ hoch, die Regeln für den Bezug sind streng („fördern und fordern"). Die Zuversicht, einen Arbeitsplatz zu gewinnen, wenn der alte verloren geht, ist – nicht zuletzt durch qualitativ hohes Betreuungs- und Schulungsangebot – groß, Flexibilität für die Firmen wird kombiniert mit Sicherheit für den Arbeitnehmer („Flexicurity"). Drittens wurden die Zukunftsfaktoren forciert: Für Forschung, Ausbildung und neue Technologien werden – wie in den USA – 50 % mehr ausgegeben als im europäischen Durchschnitt. Die Lissabonziele sind in diesen Ländern schon 2005 weitgehend erfüllt, nicht als Pflichtübung für Brüssel, sondern damit der Wohlfahrtsstaat finanzierbar bleibt und in die Umwelt investiert werden kann.

Neben den skandinavischen Ländern wachsen auch die peripheren Länder im Süden und Irland sowie die Erweiterungsländer stark. Großbritannien ist ein Sonderfall nach zweimaligem Kurswechsel, als Zentrum für Finanzdienstleistungen und Unternehmenszentralen und einer gewissen Adaption des liberalen Modells (z.B. den Steuergutschriften für Bezieher niedriger Löhne).

(8) Österreich befindet sich an der Wegkreuzung zwischen alten Strukturen und neuen Anforderungen. Die neuen Anforderungen werden in der Lissabon-Strategie vorgezeigt, teilweise definieren sie sich aus der zentralen Lage Österreichs bei gleichzeitig starkem Lohngefälle gegenüber den Erweiterungsländern und dem nachfolgenden Ring von neuen Wettbewerbern. Für die Wachstumsstrategie hat das WIFO sieben Strategielinien vorgezeichnet. Forschung, Ausbildung, Weiterbildung, Infrastruktur, Arbeitsmarktreformen, Betriebsgründungen und Umwelttechnologie. Die ersten vier Strategien forcieren die Wettbewerbsfaktoren, die darüber entscheiden werden, ob Österreich in der neuen Situation seine exzellente Einkommensposition halten und ausbauen kann. Alle Strategieelemente zusammen sollten es möglich machen, den Wachstumspfad Österreichs zu heben. Die Schwierigkeit der Aufgabe der Wirtschaftspolitik liegt allerdings darin, dass man alles längere Zeit richtig machen muss und dass die Wirtschaftspolitik auch verstanden und kommuniziert werden muss, wenn es gelingen soll, den Wachstumspfad auch nur um ein paar Zehntelprozente zu heben. Der Budgetspielraum Österreichs ist größer als in anderen Ländern, aber dennoch angesichts des mittelfristigen Konsolidierungszieles beschränkt.

(9) Die Lage Österreichs in der Mitte des europäischen Wirtschaftsraumes sowie seine Nähe zu den dynamischen Wirtschaften der Erweiterungsländer, die Nähe zum erwachenden Wirtschaftsraum des Balkans und zur Dynamik des Rings von aufstrebenden Ökonomien (Türkei etc.) bietet extreme Chancen, aber auch extreme Spannungen: In einer Entfernung von 500 km sind die Einkommen in vielen westlichen Regionen höher als in Österreich, in den östlichen Regionen in gleicher Entfernung liegen sie aber bei einem Viertel des österreichischen Niveaus (ca. 7.000 € pro Kopf verglichen mit 28.000 € in Österreich). Die Position in der Mitte bietet Chancen für Unternehmenszentralen, Forschungseinrichtungen, anspruchsvolle Dienstleistungen und Kompetenzzentren. Die Exzellenz Österreichs in manchen dieser Bereiche ist noch nicht dokumentiert und könnte wirtschaftspolitisch noch stärker unterstützt werden. Da aber neben Wien auch Bratislava, Prag, Györ und Budapest als Zentren des wachsenden Wirtschaftsraumes gewählt werden können, sind rasche und energische Anstrengungen nötig.

(10) Der Wirtschaftsstandort Europa ist sehr starker Konkurenz ausgesetzt. Spricht man heute mit Managern multinationaler Firmen über ihre langfristigen Entscheidungen, so sind sie sich darin einig, Standorte außerhalb Europas zumindest in die Planung einzubeziehen. Die drei Möglichkeiten sind: (i) Kapazitäten aus Europa abzuziehen, (ii) vorhandene zu behalten, aber neue nicht mehr in Europa zu bauen, (iii) die Entscheidungen je nach Produkt und Unternehmensfunktion unterschiedlich zu treffen. Allerdings gibt es auch im rationalen Geschäft des Managements – oder gerade im superrationalen Geschäft der langfristigen Unternehmensplanung – Modeerscheinungen, Übertreibungen und falsche lineare Extrapolationen. Wir wissen, dass die asiatischen Länder schon in den

sechziger Jahren als Bedrohung gesehen wurden – aber auch als Chance begriffen wurden, Gewinne zu stabilisieren (siehe Imperialismus-Hypothese). Wir wissen, dass an allen führenden Managementschulen im Jahre 1990 gelehrt wurde, was die Japaner besser machen und wann sie die USA überholen werden (und a forteriori Europa weit hinter sich lassen). Und man muss die Dynamik der neuen Wettbewerber auch als Nachfrageschub sehen. Die gleichen Länder, die heute die stärksten Steigerungen der Exporte haben, führen auch in der Importbilanz. Aber der Trend bleibt bestehen: Technologien verbreiten sich rascher, als Lohn- und Sozialniveaus sich angleichen, und Österreich muss damit leben, dass für jedes Standardprodukt ein Land in der Nähe das günstigere Lohn- und Produktivitätsverhältnis anbietet. Heute sind es Tschechien, Westungarn und die Slowakei, morgen Ostungarn, Rumänien und Bulgarien, übermorgen die Türkei, Weißrussland, die Ukraine, Kasachstan, der Nahe Osten oder der Norden Afrikas.

(11) Die mittelfristigen Chancen auf Grund der Veränderungen in der wirtschaftlichen Landschaft sind für Österreich weit größer als die Risken. Aber mikroökonomischer Wandel benötigt makroökonomische Stabilität und die Forcierung der Wettbewerbsfaktoren, die für ein Hochlohnland bestimmend sind. Europa könnte wieder auf den Wachstumspfad zurückkehren, weil einige Vorleistungen (Euro, Binnenmarkt, Erweiterung) erbracht sind und der Wachstumsstrategie eine größere Priorität beigemessen wird. Die Wettbewerbslage

BIP pro Kopf in KKP
500 km westlich: 31.000 €
Österreich: 28.000 €
500 km östlich: 7.000 €

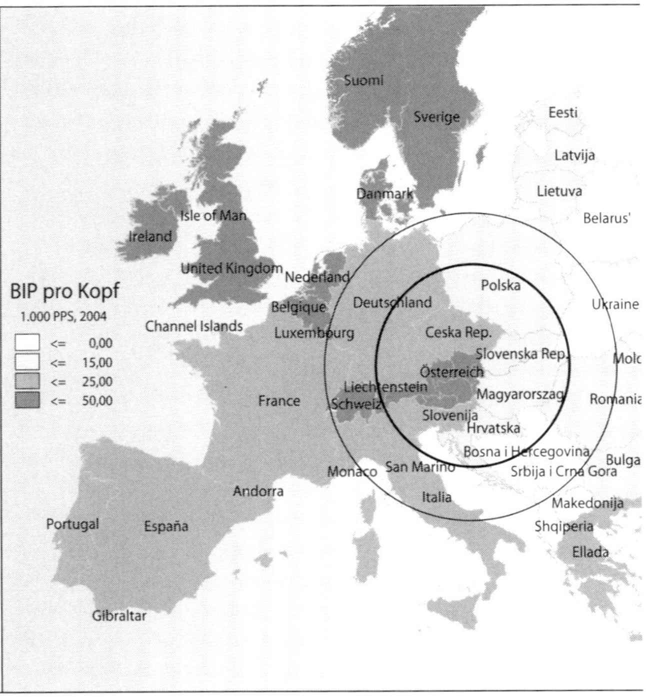

Abbildung 9
Q: Eurostat (AMECO), CIA, The World Factbook 2005

Österreichs ist günstig, sowohl kostenmäßig wie auch geografisch. Wir müssen noch breiter in die Zukunft investieren. Eine Wachstumsstrategie muss schrittweise umgesetzt werden, und darf weder durch Wahlkampf noch durch EU-Präsidentschaft zum Stillstand kommen. Ein österreichisches Modell einer Marktwirtschaft mit drei Eigenschaften ist denkbar und gestaltbar: Sie muss effizient, sozial und ökologisch sein. Und wenn dies nach langfristigen Konzepten stattfindet, werden auch mehr Reformen nicht zu mehr Unsicherheit führen, sondern akzeptiert werden als notwendige Veränderung in einer unsicheren Umgebung, die aber durch die Wirtschaftspolitik stabiler und erfreulicher gestaltet wird, als es Marktkräfte allein zulassen.

(12) Der Reformbedarf in den skandinavischen Ländern (und auch in Großbritannien und letztlich auch in Deutschland) wurde erst nach erheblichen Wirtschaftskrisen und dem Verlust der Konkurrenzfähigkeit erkannt. Es wäre zu wünschen, dass Österreich fähig ist, aus den Problemen der anderen Länder zu lernen und nicht selbst eine Krise durchmachen zu müssen, bevor die Größe des Reformbedarfs erkannt wird. Reformpolitik ist allerdings ein Managementproblem. Reformen müssen klare Zielsetzungen und eine positive Vision haben. Sie dürfen nicht immer als Kürzung von Rechten und Zahlungen verstanden werden, sondern als erweiterte Optionen, zusätzliche Chancen und letztlich mehr Sicherheit statt weniger. Reformen müssen nach einer mittelfristigen Strategie erfolgen und nicht in Einzelmaßnahmen bestehen. Eine Unterstützung durch Experten und ein Konsens über Interessenspositionen und Parteigrenzen hinweg sind sinnvoll. Dann werden Reformen als Chance gesehen, und Globalisierung bedeutet für ein reiches Land nicht die Teilnahme an einem „Abwertungswettlauf mit Billiglohnländern“ sondern eine „Vorwärtsstrategie in die Wissensgesellschaft“. Ziel einer aktiven Strategie ist es, für Österreich ein günstiges „Preis-Leistungsverhältnis“ zu erreichen, wobei die Strategie in einem reichen Land an einer Verbesserung der „Leistungskomponente“ ansetzen muss.

Literatur

Aiginger, K. (2005A), Strategien zur Erhöhung von Wachstum und Beschäftigung in Österreich, Unterlage für den Reformdialog „Wachstum und Arbeit" am 1. Mai 2005.

Aiginger, K. (2005B), Wohin steuert das österreichische Wirtschafts- und Sozialmodell? Referat vor dem Club der Wirtschaftspublizisten in Wien, 18. Mai 2005, WIFO-Vorträge No 95, 2005.

Aiginger, K. (2005C), „Towards a New European Model of the Reformed Welfare State: An Alternative to the United States Model", Economic Survey of Europe, United Nations, New York and Geneva, No. 1, 2005.

Aiginger, K. (2005D), Labour market reforms and economic growth – the European experience in the nineties, forthcoming in Journal of Economic Studies, 2005

Aiginger, K. (2005E), Towards a renewed industrial policy in Europe, with contributions of Alcouffe, A., Alcouffe, C., Boeheim, M., Handler, H., Ketels, C., Palmberg, Ch., and Török, A., Prepared as Chapter 1 for the Background Report of the Competitiveness of European Manufacturing 2005, European Commission, DG Enterprise, Project Lead Leo, H., 2005.

Aiginger, K. (2004A), The Economic Agenda: A View from Europe, in Economic Agenda of the 21st Century, Special Issue: Review of International Economics, Vol. 12(2), 2004, pp. 187-206.

Aiginger, K. (2004B), „The three tier strategy followed by successful European countries in the 1990s", International Review of Applied Economics, Vol. 18(4), 2004, pp. 399-422.

Aiginger, K. (2004C), The Importance of Labour Market Reforms for Economic Growth, 2004.

Aiginger, K., The New European Model of the Reformed Welfare State, European Forum Working Paper 2/2002, Stanford University, 2002.

Aiginger, K., Europe's Position in Quality Competition, Background Report for Competitiveness Report 2000, European Commission, DG Enterprise, Brussels, 2000.

Aiginger, K., Falk, M., Explaining Differences in Economic Growth among OECD Countries, EMPIRICA, Vol 32, No 1, 2005, pp. 19-43.

Aiginger, K., Guger, A., The European Socio-Economic Model, Differences to the USA and Changes Over Time, 2005.

Aiginger, K., Guger, A., Das europäische Gesellschaftsmodell, Studie des WIFO im Auftrag des BMWA, 2005.

Aiginger, K., Landesmann, M., Competitiveness of the Wider Europe and its Impact on Transatlantic Relations, Paper prepared for the Berkeley Conference, September 2005.

Alesina, A., Glaeser, E., Sacerdote, B., Why Doesn't US Have a European-Style Welfare State? NBER Working Paper No. w8524, October 2001.

Alesina, A., Perotti, R., Tavares, J., The Political Economy of Fiscal Adjustments, Brookings Papers on Economic Activity, 1998, pp. 197-266.

Baily, M.N, Kirkegaard, J.F., A Transformation of the European Economy, Institute for International Economics, Washington, September, 2004, http://bookstore.iie.com/merchant.mvc?Screen=PROD&Product_Code=353

Blanchard, O., The Economic Future of Europe, Journal of Economic Perspectives, Vol.18(4), Fall 2004, pp. 3-26.

Boeri, T., Does Europe Need a Harmonized Social Policy? Paper prepared for the conference on "Competition of Regions and Integration in EMU", 30th Volkswirtschaftliche Tagung der ÖNB, 13.-14.6.2002.

Breuss, F., Die Zukunft der Lissabon Strategie, WIFO-Working Papers 244, 2005.

Breuss, F., Comments on Boeri, T. 'Does Europe Need a Harmonized Social Policy?', at the conference on "Competition of Regions and Integration in EMU", 30th Volkswirtschaftliche Tagung der ÖNB, 13.-14.6.2002.

Esping-Andersen, G., Three Worlds of Welfare Capitalism, Polity, Cambridge, 1990.

Esping-Andersen, G., Social Foundations of Postindustrial Economies, Oxford University Press, Oxford, 1999

Esping-Andersen, G., gem. mit Gallie, D., Hemerijck, A., Myles, J., Why We Need a New Welfare State, Oxford University Press, Oxford, 2002.

Europäische Union, Vertrag über eine Verfassung für Europa, Amt für Statistische Veröffentlichungen der Europäischen Gemeinschaft, Luxemburg, 2005.

EU-Kommissionsdokument, The European social model, Manuskript, 14. Juli 2005.

Fitoussi, J.-P., Kostoris Padoa Schioppa, F.K. (eds.), Report on the State of the European Union, Vol.1, Palgrave Macmillan, Houndsmills, 2005.

Förster, Michael und Mira d'Ercole, Marco (2005): Income Distribution and Poverty in OECD Countries in the Second Half of the 1990s. OECD Social, Employment and Migration Working Papers 22, Paris, OECD, DELSA/ELSA/WD/SEM(2005)1.

Gordon, R.J., Two Centuries of Economic Growth: Europe Chasing the American Frontier, Paper prepared for the Economic History Workshop, Northwestern University, October 2002.

Gordon, R.J., Does the „New Economy" Measure up to the Great Inventions of the Past?, Journal of Economic Perspectives, vol. 14, No. 4, Fall 2000.

Grahl, J., Teague, P., Is the European Model Fragmenting?, in: Pierson, C., Castels, F.G. (eds.), The Welfare State Reader, Polity Press, Cambridge, UK, 2000, S. 207-232.

Guger, A., Die Effektivität wohlfahrtsstaatlicher Distributionspolitiken – Trends im internationalen Vergleich, in: Held, Martin, Kubon-Gilke, Gisela und Sturn, Richard (Hg.) (2006): Normative und institutionelle Grundfragen der Ökonomik. Jahrbuch 5: Soziale Sicherung in Marktgesellschaften. Marburg: Metropolis (Vorankündigung)

Guger A., Marterbauer M., Walterskirchen: Stagnation policy versus growth strategies. Paper presented at the conference in honor of Josef Steindl, Vienna 2003

Handler, H., Böheim, M., Falk, M., Walterskirchen, E., Strukturreformen in Österreich aus der Sicht der Lissabon-Agenda, WIFO, 2004.

Kaniovski, S., Walterskirchen, E., Flexibilisierung der Arbeitszeit, WIFO, 2004.

Korpi, Walter und Palme, Joakim (1998): The Paradox of Redistribution and Strategies of Equality: Welfare State Institutions, Inequality and Poverty in the Western Countries, American Sociological Review 63 (February), S. 661-687; zitiert nach http://www.lisproject.org/publications/LISwps/174.pdf, S. 1-63.

Leibfried, S., Towards a European Welfare State?, in: Pierson, C., Castels, F.G. (eds.), The Welfare State Reader, Polity Press, Cambridge, UK, 2000, S. 190-206.

OECD, The OECD Growth Project, 2001.

OECD, The New Economy: Beyond the Hype, Final Report on the OECD Growth Project, Paris, 2001.

Pisani-Ferri, J., Only teamwork can put the eurozone on a steady course, Financial Times, August 31, 2005.

Sapir, A., Aghion, Ph., Bertola, G., Hellwig, M., Pisani-Ferry, J., Rosati, D., Vinals, J., Wallace, H., An Agenda for a Growing Europe: Sapir Report, Oxford University Press: Oxford, 2004.

Schulmeister, St., Die unterschiedliche Wachstumsdynamik in den USA und Deutschland in den Neunziger Jahren, WIFO Working Paper No. 134, 2000.

Schulmeister, St., „Globalization without Global Money: The Double Role of the Dollar as National Currency and as World Currency", Journal of Post Keynesian Economics, 2000, 22(3).

Tichy, G., Die ‚Neue Unsicherheit' als Ursache der europäischen Wachstumsschwäche, Perspektiven der Wirtschaftspolitik, Bd. 6(3), 2005, S. 385-407.

Tichy, G., „Die Unzufriedenheit der Bürger mit den Zielen der Wirtschaftspolitik, Zu den Erkenntnissen der ‚happiness-Forschung'", erscheint in Wirtschaft und Gesellschaft 30/4, 2004.

Tichy, G., "Wirtschaftsverfassung als Wettbewerbsinstrument – Zum beginnenden Wirtschaftskrieg mit den USA", in Weinzierl, R.(Hg.), Hegemonie des American Way of Life oder europäischer Weg? Wien, Löcker, 2003, S. 15-50.

Walterskirchen, E., Austria's Position in the International Quest for Structural Adjustment. The New EU Structural Indicators, WIFO-Quarterly 2/2004.

Günter Haider

Bildung in der Wissensgesellschaft

Mutig in die neuen Zeiten – Schule braucht Aufbruch!

Der Untertitel meines Vortrags steht für sein Programm - ich trete seit längerem für eine umfassende Neugestaltung des Schulsystems und eine gezielte Verbesserung der Schulen und vor allem des Unterrichts ein. Ich behaupte, wir brauchen einen solchen mutigen Aufbruch auf allen Ebenen des Bildungssystems und ich werde versuchen, meine Thesen zu untermauern. Ich werde begründen, warum wir aufbrechen müssen, werde schildern, wohin wir aufbrechen sollten und werde konkrete Vorschläge unterbreiten, auf welche Weise die österreichische Gesellschaft, insbesondere die verantwortliche Schulpolitik und Schulverwaltung, den Herausforderungen der Wissensgesellschaft begegnen, die vorhandenen Chancen nützen und lange bekannte und verschleppte Probleme endlich lösen könnte.

Im Mittelpunkt steht der Beitrag der Schule für die Entwicklung und Sicherung der allgemeinen Grundkompetenzen und für die Basis der beruflichen Bildung der kommenden Generationen. Im Szenarium einer globalisierten Wissens- und Wirtschaftsgesellschaft geht es um eine zuverlässige Grundbildung aller Bürgerinnen und Bürger und die Ausschöpfung unseres Potenzials an Begabungen, von wo aus das Land in allen Bereichen weiterentwickelt und unsere hohe Lebensqualität gesichert und weiter verbessert werden soll. Aus der persönlichen Perspektive jedes Einzelnen bedeutet dies, dass die erworbene Bildung möglichst jedem Bürger und jeder Bürgerin eine sozial, ökonomisch und demokratisch befriedigende Teilhabe am gesellschaftlichen Leben ermöglichen muss.

Das ist der normative Ausgangspunkt der Überlegungen, quasi die Prämisse des Folgenden. Denn die nächsten Generationen müssen mit ihrem erworbenen Wissen und ihren Fähigkeiten, ihrer Kreativität und Innovationskraft, ihrem Selbstbewusstsein und ihrer Leistungsbereitschaft den hohen österreichischen Lebensstandard, die sozialen und demokratischen Errungenschaften, den Lebensstil, den wir inzwischen auch als „europäisch“ so

---

Vortrag vom 22. November 2005 im Marmorsaal des Oberen Belvedere im Rahmen der Ausstellung „Das Neue Österreich“

sehr schätzen, in der Zukunft erhalten oder sogar verbessern können. Und dabei spielt ein möglichst hohes Bildungsniveau der Bevölkerung eine entscheidende Rolle – es ist die wichtigste Ressource, die wir Österreicher im Wettbewerb vorteilhaft einsetzen können.

Das führt zu meiner Hauptfragestellung:

Wie können wir, die derzeitige Generation der Verantwortlichen, der Bildungspolitiker, der Wissenschafter, der Eltern und Lehrer, diese nächsten Generationen möglichst optimal dabei unterstützen, diesen Erfolg herzustellen? Wie können sich die jungen Menschen jene Wissens- und Kulturwerkzeuge am besten aneignen, die sie benötigen, um damit in den entscheidenden Prozess der lebensbegleitenden Bildung erfolgreich einzusteigen? Wie integrieren sie diese aktiven Lernprozesse ganz selbstverständlich in ihr Lebenskonzept und wie machen wir sie zu selbstständigen, aktiven und kreativen Wissenskonstrukteuren?

Damit stellt sich auch die Frage der optimalen Organisation und des effektiven Managements: Wie können wir das vorhandene Geld optimal einsetzen, welche Systemziele müssen wir prioritär verfolgen, welche Strukturen aufbauen oder verändern? Wie müssen Unterricht, Lehrerbildung oder Qualitätssicherung in den kommenden Jahrzehnten gestaltet werden, damit wir unsere gesteckten Ziele bestmöglich erreichen?

Und wie können wir das Bestehende gemeinsam so verbessern, umstrukturieren und erweitern, dass dabei möglichst alle motiviert an einem Strang ziehen – welche Strategien versprechen dabei langfristige Wirksamkeit, welche politischen Maßnahmen müssen gesetzt werden?

Sie erkennen aus diesen Bemerkungen, dass ich zu jenen gehöre, die von der prinzipiellen Steuerbarkeit komplexer Systeme ausgehen. Es gibt – und gerade in einem noch relativ zentral verwalteten und überschaubaren Schulsystem wie dem unseren – eine relativ große Zahl an strukturellen, strategischen und operativen Möglichkeiten, an „Hebeln" gewissermaßen, die wir zur direkten und indirekten Steuerung verwenden können. Und ich mache jene, die diese Hebel bisher entweder gar nicht benutzen oder an den falschen Hebeln zur falschen Zeit ziehen, für die Konsequenzen ihres Tuns auch verantwortlich. Dabei kann ich mich inzwischen - trotz vieler Versäumnisse in der bildungsbezogenen Forschung, trotz der noch immer fehlenden Bildungsstandards und ihrer Überprüfung, trotz des Fehlens eines regelmäßigen nationalen Bildungsberichts - auf einige bemerkenswerte Ergebnisse der empirischen Bildungsforschung (Stichwort PISA) und internationale Benchmarks wie die OECD-Bildungsindikatoren stützen.

Wenden wir uns aber zuerst einmal den Anforderungen und Herausforderungen zu, die mit der modernen Wissensgesellschaft verbunden sind, und die in Zukunft vermutlich noch verstärkt die Entwicklung von Gesellschaft und Wirtschaft beeinflussen werden.

1 | Anforderungen und Herausforderungen der „Wissensgesellschaft"

Der Begriff der „Wissensgesellschaft" genießt derzeit eine erhebliche Konjunktur. Aus meiner Sicht bildet er einen gewissen Fortschritt gegenüber dem bisher häufig verwendeten Begriff der Informationsgesellschaft – denn Wissensgesellschaft rückt die Menschen selbst, und zwar die, die etwas „wissen", deutlich stärker in den Blickpunkt. Während „Informationen" doch eher nur die materielle Ausgangsform von Wissen darstellen.

Die von mir sehr geschätzte Bildungsforscherin und Psychologin Elsbeth Stern geht davon aus, dass intelligentes Wissen vom Lernenden selbst konstruiert werden muss, „indem er mit der eingegangenen, empfangenen Information an sein bereits bestehendes Wissen anknüpft". Es gilt also zwischen trägem und intelligentem Wissen zu unterscheiden. Prozedurales Wissen gilt als intelligentes Wissen, während die Ansammlung von assoziativ verknüpften Einzelfakten eher als träges Wissen erscheint.

Problemlöse-relevantes Wissen entsteht dabei freilich nur durch die aktive Verbindung aller Wissenselemente: Die Verbindung von Faktenwissen mit dem prozeduralen Wissen und durch entsprechende praktische Erfahrungen, d.h. durch die Konfrontation und Festigung des Wissens anhand entsprechender Probleme und Problemlösungsversuche, durch den Prozess des Transfers, also die Generalisierung über eine spezifische Situation hinaus. Und nicht auf die Ansammlung trägen Wissens, sondern auf den Erwerb dieses intelligenten, problemlöse-relevanten Wissens kommt es entscheidend an. Darauf müssen Schule und Unterricht ausgerichtet sein.

Dies ist keine generelle Abwertung des Faktenwissens – Fakten und Begriffe bilden ein gleichberechtigtes und funktionales Element beim Aufbau von flexiblen Problemlösefähigkeiten; ohne Verbindung zu prozeduralen Strukturen und ohne die Erprobung und den Transfer bleiben sie allerdings weitgehend nutzlos und werden so auch rasch vergessen. So kann man davon ausgehen, dass der weitaus überwiegende Teil dessen, was heute in den Pflichtschulen an Fakten und Begriffen gelehrt wird, bei vielen jungen Menschen am Ende der Pflichtschulzeit bereits nicht mehr aktiv zur Problemlösung bereitsteht: Zu viel Faktenwissen – zu viele einfache Analogien, zu wenig echte Verknüpfung und viel zu wenig anspruchsvolle und problemlöseorientierte Anwendung sind die Ursachen. Das führt bei vielen jungen Menschen dann zu mangelnden Grundkompetenzen – die PISA-Studie konstatiert das bei jedem fünften 15-/16-Jährigen in Österreich aufgrund sorgfältiger und standardisierter Tests. Ähnliches haben aber auch die Abnehmer unserer Absolventen, die Vertreter der Wirtschaft, ohnehin seit vielen Jahren beklagt. Leider blieb beides bisher ohne die entsprechenden ernsthaften Konsequenzen für Unterricht und Unterrichtsorganisation.

Und das kann man am allerwenigsten auf die sogenannte Überflutung durch Informationen schieben. Zwar hat die technische Entwicklung den Zugang zu Informationen für den Einzelnen unglaublich verbessert, zwar ermöglichen neue Werkzeuge wie Google prinzipiell die Übersicht über eine rasend wachsende Fakten- bzw. Informationsbasis. Es kommt aber nun entscheidend darauf an, ob jemand in der Lage ist, diese Informationen gezielt zu suchen, auszuwählen und zu strukturieren – es kommt beim Lernen darauf an, diese Informationen in die vorhandenen Wissensstrukturen einzufügen, es kommt darauf an, aktiv und konstruktiv mit diesem Wissen umzugehen.

Erst die gelungene Verarbeitung macht Informationen zu persönlich oder beruflich verwend- und verwertbarem Wissen als Grundlage menschlichen Handelns. „Etwas wissen" erschließt dem Menschen erst die Möglichkeit, etwas „in Gang zu setzen". Daher wird Wissen heute als aktive Kompetenz begriffen: die Kompetenz zu handeln, Aufgaben und Probleme zu lösen, was selbstverständlich auch die Möglichkeiten sozialen Handelns umschließt.

Ermöglicht wird eine intelligente Verarbeitung des Wissens nur durch eine Reihe grundlegender Kompetenzen, wie etwa Leseverständnis oder fremdsprachliche Kenntnisse. Was von manchen als „Kulturwerkzeug" bezeichnet wird, muss verlässlich vor und während der Schulzeit angelegt werden – sonst ist Wissen nicht „anschlussfähig", was heißen soll, dass der individuelle, konstruktive Bildungserwerb scheitert.

Es geht also um deutlich mehr als bloße Informiertheit, es geht um mehr als das „Wissen", wo die Informationen zu finden sind, die man nicht selbst parat zu haben braucht. Denn erst die Verarbeitung und Ordnung, die sinnvolle Verknüpfung von Informationen, Ideen, Eindrücken, Normen und Wertvorstellungen erzeugt das erwünschte problemlöse-relevante Wissen.

Seit der zweiten Hälfte der 90er Jahre wird in Politik und Wissenschaft für die aktuelle Entwicklung auf diesem Gebiet der Begriff der Wissensgesellschaft verwendet. Nicht nur in großen Unternehmen, in Forschung und Universitäten – den typischen, stark wissensbasierten Organisationen - nahmen Umfang der Wissensarbeit und Bedeutung des Wissensmanagements in den letzten beiden Jahrzehnten in ganz erheblichem Ausmaß zu.

Zumindest mit der Lissabon-Strategie der EU, die die Entwicklung zum „wettbewerbsfähigsten und dynamischsten wissensbasierten Wirtschaftsraum bis 2010" sichern sollte, hat dieser Begriff dann eine enorme Verbreitung gefunden. Die Lissabon-Ziele und die Lissabon-Strategie der EU stellen einen globalen Führungsanspruch Europas bis 2010 im Bereich der „Wissensgesellschaft" – im schulischen Bereich z.B. durch verlässliche Absicherung hoher Grundkompetenzen (vor allem im Lesen, in Mathematik und Naturwissenschaften) und durch die gezielte Förderung des Lebenslangen Lernens.

Was sind nun häufig prognostizierte Entwicklungen und Herausforderungen für eine Gesellschaft und im speziellen für die Schule in einer solchen Umgebung? Ich habe die Ergebnisse der Analyse zu sechs Punkten zusammengefasst:

1. Die Bildungsqualität in Form tatsächlich erzielter Bildungsergebnisse, anschlussfähiger Kompetenzen, rückt noch stärker als bisher in eine Schlüsselposition für die persönliche, gesellschaftliche und wirtschaftliche Entwicklung.

Individuelle und unternehmerische Wettbewerbsfähigkeit und wirtschaftlicher Erfolg müssen zukünftig noch viel stärker durch den Vorsprung an Kompetenzen und Qualifikationen erreicht und gesichert werden – „Wissen“ wird dadurch zum dominanten Produktionsfaktor gegenüber Arbeit, Kapital und Bodenschätzen. „Wissen“ wird noch mehr als heute zur zentralen Größe in der Biografie der Bürger. Der Sektor Bildung, Forschung und Entwicklung sowie Qualitätssicherung und Logistik erhalten ökonomisch betrachtet eine herausragende Bedeutung.

Ein Beispiel dazu: Bei den Mikrochips ist der Preis zu über 70% durch Wissen bestimmt, d.h. durch Aufwand für Forschung, Entwicklung und Kontrolle - zu kaum mehr als 10% durch die Arbeit der direkten Herstellung. Ähnliche Werte wird man im Bereich der Informationsverarbeitung und Kommunikation finden, in der Pharmaindustrie, und mehr und mehr in allen innovativen Branchen. Nach neueren Berichten der Europäischen Kommission lassen sich 70 bis 80 % des wirtschaftlichen Wachstums auf neues oder verbessertes Wissen zurückführen.

Bildung wird zum Produktivitätsfaktor Nr. 1 – gute Ausbildung und ständige, erfolgreiche Weiterbildung zu einem entscheidenden Faktor im Wettbewerb der Unternehmen.

2. Die Anforderungen hinsichtlich des gewünschten Qualifikationsniveaus der Beschäftigten werden weiter deutlich steigen: Technische Innovationen und die Wandlung der Formen der Arbeitsorganisation gegenüber den typischen Arbeitsformen der Industriegesellschaft verändern die Qualifikationserfordernisse in bisher nicht gekanntem Entwicklungstempo.

Es besteht ein dynamisch wachsender Bedarf an höheren Qualifikationen bei gleichzeitigem dramatischen Abbau von Beschäftigungsmöglichkeiten für Niedrig-Qualifizierte und Schulabbrecher, für Un- und Angelernte. Neue Anforderungsprofile in bestehenden Berufen und Branchen bilden sich heraus. Die immer stärkere Nutzung und Integration von Computern und Informationsnetzen führen zu neuen Berufen, zu neuen Kombinationen von verschiedenen Kompetenzen.

Dies bedeutet für uns notwendigerweise eine deutliche Steigerung des Anteils von Schülern an höheren Schulen, es erfordert die Ausbildung von wesentlich mehr Menschen auf universitärem Niveau als heute – in Österreich speziell im Bereich der Naturwissenschaften.

3. Der Bedarf an „mitwachsenden" Kompetenzen wächst und wandelt sich. Es wird nicht nur notwendig, sich immer wieder fachlich weiter zu qualifizieren und das beruflich-fachliche Know-how ständig zu erneuern – Stichwort: Lebensbegleitendes Lernen. Vielmehr wird auch die Fähigkeit unverzichtbar, selbstständig zu erkennen, welches Wissen neu anzueignen ist, welche Informationen zu verarbeiten und zu interpretieren sind.

Entsprechend wichtig werden Verfahren der Wissensgewinnung und -verarbeitung, zumal spezialisiertes Detailwissen immer schneller veraltet. Der aktive „Wissenskonstrukteur" ist also das Idealbild der kommenden Entwicklung.

Von zentraler Bedeutung wird in Zukunft zudem die Kompetenz sein, innovativ und unternehmerisch tätig zu sein und das eigene Leben sowie die Gruppe, in der man sich bewegt, aktiv gestalten zu können. Die Entwicklung kreativer Potenziale wird zum Standardrepertoire von Lernangeboten in der Wissensgesellschaft gehören müssen.

4. Eine vierte Herausforderung besteht in der künftig stärkeren Verzahnung von Lernphasen und Arbeitsphasen im Laufe des beruflichen Lebens – informelles Lernen, lebensbegleitendes Lernen, Blended Learning - Lernen in unterschiedlichsten Formen ersetzt den früher von der Schule geschnürten fertigen Rucksack fürs Leben.

Ständiges Lernen wird zu einer wesentlichen Voraussetzung, um im Beruf, als Staatsbürger, als Konsument, in der Familie – wo auch immer – bestehen zu können. Bildung und Beruf verschränken sich miteinander oder lösen sich in rascher Folge ab. Unterscheidungen zwischen Erstausbildung und Weiterbildung, Erst- und Zweitstudium werden zunehmend obsolet; sie lösen sich in neuen integrierten Formen und Konzepten des lebenslangen Lernens auf. Bildung und Lernen werden für viele Menschen auch zu einer Form der Lebenserfüllung, die neben das Arbeiten tritt. Die Wissensgesellschaft ist eine Lern- und Bildungsgesellschaft.

5. Besondere Herausforderungen entstehen durch die steigende Zahl von Umbrüchen in der Arbeitswelt. Mehr als früher wird es notwendig sich, sich auf häufigere Tätigkeits- und Berufswechsel (und auch Ortswechsel) einzulassen.

Die bisher noch industriegesellschaftlich geprägte Normalbiografie löst sich auf, ein Pluralismus verschiedenster Lebensentwürfe entsteht – auch in der Abfolge unterschiedlicher persönlicher Lebensabschnitte.

6. Zuletzt muss auch die Herausforderung durch die Internationalisierung und Globalisierung erwähnt werden – Wissen ist in vielen Branchen einfach elektronisch transportierbar, abrufbar, nutzbar.

Auch in der Wissensgesellschaft, in der Erzeugung, Verarbeitung und Aufbereitung von Wissen wird also ein enormer globaler Wettbewerb herrschen, mit allen damit bereits bekannten und vielen neuen Konsequenzen. Das wird nicht nur durch die technischen Möglichkeiten, sondern zum Beispiel auch durch die Verbreitung von Englisch als anerkannte globale Kommunikationssprache gefördert.

Es wird notwendig sein, sehr grundsätzliche Debatten zu führen über Struktur, Organisation, Ziele, Inhalte und Methoden eines Bildungssystems, das diesen Anforderungen der Wissensgesellschaft tatsächlich gerecht werden könnte. Auf den traditionellen Bildungsinstitutionen lastet damit erheblicher Transformationsdruck, sich einer stärker auf die individuellen Anforderungen zentrierten, situations- und lebensbegleitenden Bildung und Ausbildung zuzuwenden.

Die Bildungspolitik steht damit vor einer doppelten Aufgabe: Das Bildungssystem auf die beschriebene wissensgesellschaftliche Dynamik rechtzeitig einzustellen und dabei jene Aufgaben nicht zu vernachlässigen, die aus den gleichzeitig noch einige Zeit weiter existierenden, quasi „industriegesellschaftlichen" Erfordernissen folgen. Denn dynamische gesellschaftliche Übergangsphasen wie die jetzige bedeuten ja keinen abrupten Wechsel, sondern das gleichzeitige Neben- und Ineinander unterschiedlicher Entwicklungen. Dabei hat die Politik auch noch die Aufgabe, die notwendigen Systemmodifikationen und die Integration neuer Systemkomponenten in einer langen reformerischen Übergangsphase möglichst friktionsarm zu gestalten, unter anderem die Interessen der unterschiedlichen Lobbies zu beachten.

Das ist eine komplexe Anforderung – sie muss daher auf politisch erfahrene und in der Sache kompetente Verantwortliche treffen, mit der Fähigkeit strategisch zu denken und Strategien umsetzen zu können. Solche Bildungsmanager müssen Verständnis für komplexe Zusammenhänge aufbringen und teilweise offene Planungsphasen intellektuell verarbeiten können sowie die entsprechenden langfristigen Perspektiven „verkraften".

Die beschriebenen Veränderungen müssen sich in Inhalt und Struktur von Lehren und Lernen, in der Organisation von Schule und Unterricht niederschlagen. Wir können wohl kaum mit einer Schule, die seit drei, vier Jahrzehnten im Kern fast unverändert geblieben ist, den Anforderungen der kommenden Jahrzehnte gerecht werden. Unterrichtsorganisation und Unterrichtsinhalte müssen auf diese Anforderungen ausgerichtet werden, entsprechend muss die Lehrerbildung und die Schulstruktur den Erfordernissen entsprechen.

Schließlich werden etwa die heurigen Taferlklassler im Durchschnitt in etwa 15, 16 Jahren – also etwa im Jahr 2021/22 aus dem „Erst-Aus"-Bildungssystem in die Arbeitswelt entlassen werden. Wir müssen sie für diesen Zeitpunkt so adäquat wie möglich vorbereiten und ihnen die Chance eröffnen, durch die im Bildungsprozess erworbenen Kompetenzen ab diesem Zeitpunkt erfolgreich zu sein. Denn die laufende Entwicklung der Wissensgesellschaft hält auch viele Chancen bereit – wir müssen bei der Gestaltung der Lehr-Lern-Prozesse, bei der Herstellung optimaler Lernumgebungen auch unsere Möglichkeiten besser nutzen und die neueren Erkenntnisse berücksichtigen, die Pädagogik, Psychologie und Unterrichtstechnologie bieten.

Sollte der verantwortliche Staat, sollten die Verantwortlichen in der Bildungspolitik nicht entsprechend reagieren, dann werden es private Institutionen tun – verantwortungsvolle Eltern und die vom Angebot abhängigen Abnehmer in der Wirtschaft werden dafür nötigenfalls sorgen: Eine Abstimmung über die Qualität von Schule mit den Füßen findet ja auch jetzt schon permanent statt, sie beeinflusst unsere Schülerströme zwischen den verschiedenen Schultypen, jetzt noch weitgehend innerhalb des staatlichen Systems.

Die Qualität der allgemein- und berufsbildenden Schulsysteme gewinnt weiter an Bedeutung und steht damit viel stärker auf dem Prüfstand. Dies führt vor allem in den entwickelten Ländern zu einer zunehmend schärfer werdenden Wettbewerbssituation in diesem Bereich. Nicht von ungefähr haben sich in den letzten Jahren international vergleichende Studien und Benchmarks durchgesetzt (z.B. die OECD-Statistiken und PISA), die etwas, das es in anderen gesellschaftlichen Bereichen schon längst gab, nun auch im Bildungs- bzw. Schulbereich einführen.

Fassen wir zusammen: Die Gesellschaft ist darauf angewiesen, höchstmögliche Qualität im Bildungssystem bereitzustellen, um gleichermaßen wirtschaftlich wettbewerbsfähig zu bleiben als auch ihren Bürgern optimale individuelle Lebenschancen zu garantieren. Unter diesem Gesichtspunkt betrachtet ist jedes Bildungssystem permanent reformbedürftig, und zwar in mehrfacher Hinsicht:

- Zum einen sind wir herausgefordert, ständig zu prüfen, ob die Kenntnisse, Kompetenzen und Qualifikationen, die wir vermitteln, noch den Anforderungen der Zeit entsprechen und die gesetzten Standards einem internationalen Vergleich standhalten (also im Bereich der Zieldiskussionen und der normativen Vorgaben in allen Kompetenzbereichen),
- zum anderen, ob wir tatsächlich alle Heranwachsenden mit unserem Angebot wirksam erreichen. Inwieweit sowohl die national, also von uns selbst gesetzten hohen Standards von allen oder zumindestens möglichst vielen erreicht werden (was man an der flächendeckenden Überprüfung der dringend benötigten Bildungsstandards ablesen könnte), und ob diese erreichten Kompetenzen im internationalen Vergleich konkurrenzfähig sind. Bei diesem Vergleich können wir internationale Studien vom PISA-Typ benutzen.
- Eine weitere Herausforderung besteht darin, ein Höchstmaß an Qualität mit einem ebenso hohen Maß an Effizienz zu verbinden. Selbstverständlich muss in Bildung und Forschung erheblich mehr investiert werden, als derzeit geschieht – dieses Geld muss aber auch gezielt und effizient eingesetzt werden. Hier muss ständig evaluiert werden, wie man die bestmöglichen Ergebnisse bei angemessenem Mitteleinsatz erreichen kann.

Man braucht für diesen notwendigen Aufbruch, für diese umfassende Reform ein strategisches Konzept, einen Bildungsplan – ein Konzept für die Verbesserung der Qualität des schulischen Angebots, das die skizzierten pädagogischen, gesellschaftlichen und geopolitischen Herausforderungen berücksichtigt.

Das Reformkonzept „zukunft:schule" für das allgemein bildende Schulwesen, wie es im Auftrag des Bildungsministeriums von den Experten der Zukunftskommission erarbeitet wurde[1], liefert das Fundament für einen solchen Plan: „zukunft:schule" enthält eine klare Zielstruktur, es fasst die vorhandenen IST-Zustandsanalysen zusammen und berücksichtigt die gegebenen Rahmenbedingungen. Das Konzept schlägt langfristige Strategien vor, die zuerst beim Umbau im Inneren, d.h. beim Unterricht, ansetzen. Es enthält Vorschläge für Qualitätsentwicklung und Qualitätssicherung im Bereich der Strukturen der Unterrichtsorganisation und der unterstützenden Netzwerke. Durch die Umsetzung dieses Konzepts und weitere, darauf aufbauende Maßnahmen und strukturelle Veränderungen des Systems, könnten die ins Auge gefassten Ziele erreicht und vorhandene Probleme und Störfaktoren gleichzeitig beseitigt werden.

Ähnliche Überlegungen und Entwicklungen im Qualitätsbereich sind derzeit in vielen Bildungssystemen, vor allem in den mitteleuropäischen, zu beobachten. Denn eine Reihe von Staaten, z.B. skandinavische und anglo-amerikanische, haben bereits vor zehn bis zwanzig Jahren etwas weitsichtiger und rascher gehandelt – sie ernten diesen Modernisierungserfolg ihrer Schulen nun bereits, das zeigen die entsprechenden OECD-Benchmarks klar.

Bei solchen Reformkonzepten geht es auch darum, die konkreten systemischen Ziele genauer zu fassen, die das strategische Handeln der Verantwortlichen leiten sollen. Diese Zielperspektiven für das Bildungssystem in der Wissensgesellschaft sind durchaus nicht radikal neu, sondern eher Bekräftigungen und Zusammenführungen bestehender Zielsetzungen bei gewissen Akzentverschiebungen. Und zur Umsetzung sind langfristige, anpassungsfähige Strategien vonnöten, die zeitlich, ressourcenmäßig und in der Zuschreibung von Verantwortung zu konkreten Maßnahmenplänen heruntergebrochen werden müssen.

1 Die Zukunftskommission wurde von BM Elisabeth Gehrer im Frühjahr 2003 eingesetzt und bestand aus Ferdinand Eder, Günter Haider (Vorsitzender), Werner Specht und Christiane Spiel – ab 2004 ergänzt durch Manfred Wimmer. Der erste Bericht an das Ministerium „zukunft:schule" mit Analysen und strategischen Empfehlungen erfolgte im Oktober 2003, die „Abschließenden Empfehlungen" mit der Auflistung der vorgeschlagenen Reformmaßnahmen beendeten die Tätigkeit der Kommission im März 2005.

2 | Das Reformkonzept „zukunft:schule"

Explizite Systemziele, ein Bildungsplan und sorgfältige IST-Zustandsanalysen

Im zweiten Teil möchte ich auf die Art der notwendigen Veränderung, also das Wohin in unserer eingangs gestellten Grundsatzfrage eingehen. Und zwar durch die Vorstellung des entsprechenden Teils des Reformkonzepts der Zukunftskommission, das zwischen Frühjahr 2003 und 2005 als Empfehlung an das Bildungsministerium, bzw. an Frau BM Gehrer, von fünf Experten und Expertinnen detailliert ausgearbeitet wurde [2].

Dieses Reformkonzept „zukunft:schule" – laut Auftrag vor allem auf den allgemein bildenden Bereich bezogen –, wurde in zwei Stufen, nämlich als erster Bericht im Oktober 2003 und als „Abschließende Empfehlungen" im März 2005, vorgelegt. Das Konzept steht in einer bereits längeren bildungswissenschaftlichen Tradition, die in Österreich wesentlich von Peter Posch und Herbert Altrichter Mitte der 90er Jahre angestoßen wurde. Ein weiterer wichtiger Vorläufer ist das 2001 erstellte Weißbuch zur Qualitätsentwicklung und Qualitätssicherung von Ferdinand Eder – für das Bildungsministerium erarbeitet gemeinsam mit anerkannten Bildungs- und Unterrichtsforschern wie Altrichter, Krainer, Lassnigg, Pechar, Posch, Schratz, Specht oder Thonhauser.

Die Zukunftskommission verarbeitete diese Vorgaben zusammen mit umfangreichen Analysen des IST-Zustands und der Problemfelder in ein auch für die Politik besser verständliches und für die Implementierung der Strategien und die Durchführung der notwendigen Maßnahmen konkreteres Papier, einen Aktionsplan für den allgemein bildenden Bereich und das kommende Jahrzehnt.

Ein wesentlicher Punkt im Reformkonzept ist die Diskussion der Ziele – dabei werden Ziele und Qualitätsvorstellungen auf drei Ebenen unterschieden:

- **Systemziele**, die das Schulwesen als Ganzes und seine Subsysteme betreffen,
- **Bildungsziele** für die Lernenden, und
- **Qualitätsziele** für den Unterricht.

Sie bilden in ihrer Gesamtheit die für ein modernes Schulsystem angestrebte Zielstruktur ab [3]. Eine wichtige Anmerkung muss hier gemacht werden: Voraussetzung

2 Der Gesamtbericht der Zukunftskommission zu „zukunft:schule", sowohl der erste (2003) als auch der zweite Teil (2005), sollte im Original in PDF-Format von der Homepage des Bildungsministeriums downloadbar sein – u.a. auch von http://www.klassezukunft.at (Stand Jänner 2006).
3 Zu diesen und allen anderen Punkten des Reformkonzepts der Zukunftskommission sind im Detail nachzulesen: Haider/Eder/Specht/Spiel/Wimmer: „zukunft:schule". Berichte der Zukunftskommission an das BMBWK 2003 und 2005 (im Internet auf der BMBWK-Homepage und unter www.klassezukunft.at erhältlich).

dafür, dass diese Zielstruktur strategisch realisiert werden kann, ist meiner Ansicht nach, dass das Bildungssystem hauptsächlich im Bereich öffentlicher Verantwortung verbleibt. Ich halte es für essenziell, dass insbesondere solche Reformmaßnahmen, die in Richtung einer stärkeren Entkoppelung von staatlichen Vorgaben gehen, mit einem grundsätzlichen politischen Bekenntnis zur staatlichen Finanzierung und zur Ergebnisverantwortlichkeit einhergehen.

Von besonderer Bedeutung für das gegenständliche Thema, in dem wir uns ja zentral mit dem Schulsystem und seiner Steuerung beschäftigen, sind dabei die Systemziele.

Die internationalen Untersuchungen des PISA-Typs haben mit ihren analytischen Modellen und ihren empirischen Ergebnissen dazu beigetragen, unser Verständnis für Qualität im Bildungswesen zu schärfen. Auf der Systemebene erscheinen unter Beachtung der bisherigen Analysen die folgenden fünf pädagogischen Ziele prioritär:

1. **Hinsichtlich Bildungsbeteiligung und Bildungsabschlüsse**: Möglichst viel, möglichst hohe Bildung für möglichst viele Menschen im Land.
2. **Hinsichtlich der Leistungsförderung**: Ein möglichst hohes mittleres Niveau an Wissen, Kenntnissen, Kompetenzen und Qualifikationen bei den Schülern (und letztlich in der Gesamtbevölkerung) zu erreichen.
3. **Zum Chancenausgleich**: Die Leistungsunterschiede, die aus anlagebedingten Differenzen bestehen, nicht durch sozioökonomische oder schulische Faktoren unnötig zu vergrößern, das heißt, das Entstehen von „Scheren" der Kompetenzentwicklung möglichst zu vermeiden und möglichst hohe Kompensationswirkung zu erzielen, also z.B. auch sozioökonomische Benachteiligungen möglichst gering zu halten.
4. **Zur Integration** bedeutet dies, dass jede Form des sozialen Ausschlusses beim adäquaten Zugang zu Bildung zu vermeiden ist. Das heißt auch, den Anteil derjenigen Risikogruppen unter den Schüler/innen, deren Partizipationschancen am lebenslangen Lernprozess durch unzureichende Kompetenzentwicklung eingeschränkt werden, zu minimieren.
5. Und schließlich **zu Fairness und Gerechtigkeit**: Die Vergabe von Berechtigungen, d.h. vor allem von Zeugnissen an den Schnittstellen des Schulwesens, an objektiven, regional und zwischen Standorten vergleichbaren Leistungsstandards zu orientieren.

Diese Systemziele gelten analog für alle Ebenen des Bildungswesens. Sie sind als Qualitätskriterien auf einzelne Schulklassen ebenso anwendbar wie auf Schulen, Bildungsregionen und das Schulsystem als Ganzes.

Wie sieht bei diesen fünf ins Auge gefassten systemischen Zielen nun die aktuelle IST-Situation aus – was sagen uns bisher vorliegende Vergleichsstudien und Bildungsindikatoren darüber, wie weit diese Ziele derzeit realisiert werden? Wie stehen wir im internationalen Benchmarking da?

Ziel 1 | **Beginnen wir mit der zentralen ersten Forderung: Möglichst viel, möglichst hohe Bildung, für möglichst viele Menschen**

Abschlussquoten im Tertiärbereich sind ein wichtiger Indikator dafür, in welchem Umfang die Bildungssysteme höhere Kenntnisse und Fähigkeiten vermitteln. Länder mit hohen Abschlussquoten im Tertiärbereich haben bzw. entwickeln eine hochqualifizierte Erwerbsbevölkerung.

Viele Länder sind auf diesem Weg schon wesentlich weiter als Österreich – das OECD-Ländermittel aktueller akademischer Abschlüsse liegt etwa bei 33 %, was bedeutet, dass in den 30 OECD-Staaten rund ein Drittel eines Jahrgangs im relevanten Alter (um die 24 bis 26 Jahre) einen universitären Erstabschluss aufweist. In führenden Ländern wie Australien oder Finnland beträgt diese Quote 45 % und darüber – in Österreich liegt sie bei 18-20 %, ähnlich wie in Deutschland oder Tschechien. Die Quoten steigen in Österreich an, vor allem weil die OECD-Zahlen bei uns noch stark die Gründung von Fachhochschulen reflektieren. Auch die kommende Umstellung auf das dreigliedrige System an den Universitäten (mit Baccalaureat) wird etwas in diese Richtung bewirken.

Ein weiterer wichtiger Indikator ist der Bildungsstand der erwachsenen Erwerbsbevölkerung (zwischen 25 und 64 Jahren): 14 % der Österreicher in dieser Altersgruppe haben derzeit laut OECD mindestens einen ersten tertiären Abschluss. Dies liegt sehr deutlich unter dem OECD-Schnitt von 23 % (hinter uns liegen nur noch Portugal und Mexiko). Führende Länder wie Kanada, Japan, Norwegen, Schweden, Finnland liegen bei über 30 %, d.h. mehr als dem Doppelten.

Solche Kennzahlen zum Bildungsstand – wie sie etwa die regelmäßige Bildungsstatistik der OECD liefert – zeigen die Entwicklung der Bildungshöhe in der Bevölkerung auf. Wobei der zuletzt erwähnte Indikator sich nur sehr langsam beeinflussen lässt, da an der Statistik ja rund 40 Altersjahrgänge beteiligt sind und sich nur jeweils die Quoten der Jüngeren sukzessive Jahr für Jahr steigern lassen.

Entscheidend kommt man auf diesem wichtigen Weg zur Wissensgesellschaft jedoch nur voran – und das zeigen vor allem die skandinavischen und anglo-amerikanischen Beispiele –, wenn man es schafft, mehr 18-/19-Jährige zur Universitätsreife zu führen. Denn die entscheidende Schranke besteht letztlich in der Zugangsquote von den höheren Schulen („Maturantenquote"). In einem Jahrgang 18-/19-Jähriger in Österreich werden derzeit etwas mehr als 40 % „für universitätsreif" erklärt – die darauf basierende Studienanfängerquote beträgt etwa ein Drittel eines gesamten Jahrgangs, weil schon etwa drei Viertel der Maturanten ein Studium an Unis und Fachhochschulen aufnehmen.

In Ländern, die jetzt schon deutlich mehr höhere Bildung für ihre Bevölkerung verwirklichen (Neuseeland, Schweden, Finnland), liegen diese Quoten bei den Maturanten aber doppelt so hoch, das heißt, 70-80 % eines Jahrgangs schließen eine Oberstufe mit

Universitätsreife ab. Und auch Ungarn, Polen und Norwegen haben mit etwa 60 % Studienanfängern fast doppelt so hohe Quoten wie Österreich – wobei der OECD-Durchschnitt bei 47 % liegt.

Offensichtlich zeigen die Benchmarks in diesem Bereich Handlungsbedarf. Im nächsten Jahrzehnt müssen daher die Potenziale, die in jeder europäischen Bevölkerung – also auch in unserer – vorhanden sind, besser genutzt werden. Es ist anzunehmen, dass die Österreicher prinzipiell zu ähnlichen Bildungsleistungen fähig sind wie etwa die Menschen in Finnland oder Kanada.

Schulen sollen weniger wie Siebe wirken, durch die die Schüler sukzessive fallen und dann relativ wenige Privilegierte, vorwiegend aus den oberen Schichten, in den AHS und für die Universitäten überbleiben – sondern eher pädagogischen Netzen gleichen, mit denen wir möglichst viele aus möglichst allen Schichten möglichst weit bringen. Wir könnten zumindestens in den Oberstufen daher stärker leistungs- und interessendifferenzierende (Kurs-)Systeme einrichten, die den unterschiedlichen Begabungen und Interessen besser Rechnung tragen und würden auch nicht mehr so viele Schüler durch Repetieren und Drop-out verlieren.

Was sagen uns die bisherigen PISA-Studien 2000 und 2003 zu den weiteren Zielbereichen:

Ziel 2 | **Da wäre zuerst der zweite Zielbereich, die tatsächlich erreichten Leistungen bzw. Kompetenzen**

PISA liefert einen relativen Vergleich der Gesamtleistungen. Und man kann es drehen und wenden wie man will: Die in Lesen, Mathematik und Naturwissenschaften sehr sorgfältig gemessenen Leistungen der österreichischen Schüler, die in PISA 2003 unter 29 OECD-Staaten nur die mittelmäßigen Plätze 19, 15 und 20 bedeuteten (natürlich jeweils mit breiten Vertrauensintervallen), können unter den Anforderungen einer Wissensgesellschaft nicht wirklich als zufriedenstellend bezeichnet werden [4].

PISA liefert auch einen absoluten Vergleich mit den internationalen Mindest- und Spitzen-Leistungsstandards, und auch hier sind wir mit nur halb so vielen Spitzenleistungen und dafür zwei- bis dreimal so vielen Schülern, die nur die untersten Standards erreichen oder noch darunter liegen, im OECD-Vergleich maximal durchschnittlich.

Und auch der Trend spricht nicht für uns – wir haben zwar erst eine Trendmessung (von 2000 auf 2003): Aber keinesfalls kann man derzeit von einem positiven Trend sprechen, wenn sich die Schüler im Vergleich der letzten drei Jahre in Mathematik nicht verbessern konnten und in den anderen Bereichen, vor allem in der Naturwissenschaft, rang- und punktemäßig eher verloren.

4 Zu den Details der PISA-Ergebnisse 2003: Haider/Reiter (2004), PISA 2003. Nationaler Bericht. Informationen sind auch auf der PISA-Homepage der OECD (www.pisa.oecd.org) und des Zentrums für Vergleichende Bildungsforschung (ZVB) Salzburg (www.zvb-austria.at) verfügbar.

Eine zusätzliche schwerwiegende Beobachtung, die wir auch PISA verdanken: Der Rückgang der Freude am Lernen, ein erschreckend niedriges Interesse und wenig Motivation im Unterricht, speziell in Mathematik – bei gleichzeitiger Zunahme von Verhaltensauffälligkeiten und Unterrichtsstörungen. In einem Vergleich der Nachbarländer und der reichsten EU-Staaten in PISA 2003 waren das Interesse und die Freude am Mathematikunterricht in Österreich deutlich am niedrigsten, bei den Mädchen noch deutlich niedriger als bei den Burschen.

Damit werden unsere extrem niedrigen Absolventenzahlen in den mathematisch-naturwissenschaftlichen und den ingenieur-wissenschaftlich-technischen Bereichen erklärbar, wo wir in der EU mit etwa 400 bis 500 Abschlüssen jährlich (berechnet auf 100.000 Menschen) ziemlich abgeschlagen liegen. Führende Nationen weisen eine bis zum Fünffachen höhere Quote (!) auf. Und gerade im technisch-naturwissenschaftlichen Bereich wäre die potenzielle Wertschöpfung hoher Leistungen besonders groß.

Ziel 3 | **Was sagt PISA zum Chancenausgleich – zur Chancengerechtigkeit, dem dritten systemischen Zielbereich**

Abweichend von vielen anderen OECD-Ländern zeigen sich bei den Leseleistungen der österreichischen Schüler in PISA 2000 – wo Leseverständnis im Zentrum der Untersuchungen stand – starke Einflüsse von Merkmalen des sozio-kulturellen Milieus bzw. der sozio-ökonomischen Schicht, aus der die Schüler kommen. Auf die grundlegend wichtigen Sprach- und Leseleistungen und damit auch zusammenhängend auf die Gesamtheit schulischen Erfolgs haben die Schichtzugehörigkeit bzw. die Bildungshöhe der Eltern hierzulande erheblichen Einfluss.

Für eine substanzielle Verbesserung der Leseleistung wäre die Entflechtung dieses Zusammenhangs, wie sie z.B. den nordischen Ländern bereits weitgehend gelungen ist, eine wichtige Voraussetzung. Gute Leistungen in der Schule dürften dann nicht – oder deutlich weniger als bisher – von den Zusatzleistungen der Familien abhängen. So lange dies der Fall ist, haben gleich befähigte Kinder aus einem benachteiligenden sozialen Milieu geringere Chancen, die gleichen Standards zu erreichen, als Kinder aus einem unterstützenden sozialen Milieu.

PISA beweist klar die noch immer vorhandene, deutliche Benachteiligung der Kinder der einfachen Leute, der Arbeiter, der Nicht-Akademiker in der realen Schulumwelt. Die Chancen solcher Kinder auf höhere Bildung und bessere Lebenschancen sind nach wie vor deutlich geringer – und das auch, wenn man von gleich Begabten ausgeht. Die AHS erfüllt eher die Funktion einer Akademiker-Reproduktionsstätte, während am ehesten noch die BHS gute Aufstiegschancen aus unteren Schichten bietet und für etwas Durchmischung bei den höheren Qualifikationen sorgt. Bei gleichen intellektuellen Ausgangsfähigkeiten ist die Chance von Akademiker-Kindern auf eine Matura und ein Studium noch immer um ein Vielfaches, nämlich etwa um das Vier- bis Sechsfache größer.

Und wir haben auch eine neue und möglicherweise wachsende Problematik in diesem Bereich – die schwachen und sinkenden Schulleistungen von Buben, speziell solcher, die nicht die höheren Schulen besuchen. Ihre Leseleistungen sind ohnehin gegenüber Mädchen relativ niedrig (im Schnitt um etwa eine von insgesamt fünf Leistungsstufen geringer) – und sie sinken auch im zeitlichen Vergleich weiter ab. Eine komplexe, wahrscheinlich eher soziologisch zu erklärende Entwicklung, die unserer ganzen Aufmerksamkeit bedarf.

Hier entwickelt sich ein vorwiegend männliches Potenzial an schlecht ausgebildeten Jugendlichen, ohne formellen Schulabschluss, häufig mit nichtdeutscher Muttersprache bzw. Migrantenhintergrund, mit sehr geringen Kenntnissen in den Kulturtechniken, was ihnen den Anschluss an das weitere Lernen verwehrt. Diese Jugendlichen haben eine extrem niedrige Lernmotivation und sind oft mit erheblichen Mehrfach-Risiken wie schwierigen Familienverhältnissen und sehr tristen Aussichten auf dem Arbeitsmarkt belastet.

Wohin es führen kann, solche Problemherde entstehen zu lassen und nicht rechtzeitig durch entsprechende schulische und soziale Angebote darauf konsequent zu reagieren, führen uns gerade die Alterskollegen dieser jugendlichen Männer in den brennenden französischen Städten vor [5].

Es ist unbedingt notwendig, dass diese Probleme im schulischen Vorfeld ernstgenommen und deutlich besser und gezielter entschärft werden, und zwar mit effektiven Maßnahmen: verpflichtende Frühförderung vor allem im Sprachbereich, deutlich kleinere Gruppen mit mehr Individualisierung und wesentlich mehr Sprach- und Zweitlehrern vor allem in der Grundschule, spezielle Lehrer für die Muttersprache bzw. den Erwerb von Deutsch als zweiter Sprache in schwierigeren Fällen, eine bessere Ausbildung aller Lehrer in diesen Bereichen, die massive Unterstützung durch Sozialarbeiter und Psychologen, die sich auch der Eltern bzw. Familien gefährdeter Schüler stärker annehmen.

Für jene, die meinen, das sei ökonomisch so nicht leistbar: Verglichen mit den drohenden langfristigen sozialen Kosten (Langzeit-Arbeitslosigkeit, Sozialhilfe, Kriminalität) und den dann ausfallenden Steuerleistungen haben solche Investitionen im Bildungs- und Sozialbereich einen ganz erheblichen ROI (Return on Investment). Die entscheidende zeitliche Spanne für die Bereitschaft zu Maßnahmen scheint aber die Zeitspanne zu sein, für die sich aktuelle Politiker stets verantwortlich fühlen, was maximal eine Legislaturperiode umfasst – wer in solchen Zeiträumen und „Returns" denkt, ist allerdings in diesem Bereich völlig fehl am Platz.

5 Der Vortrag fand im November 2005 statt – einer Zeit, in der in den Vororten von Paris seit Tagen marodierende Jugend-Banden unterwegs waren. Vorwiegend Jugendliche, viele davon Kinder von illegaler Einwanderern, schlecht ausgebildet, sozial abgeschoben, frustriert und ohne reelle Chance am Arbeitsmarkt, steckten Autos in Brand, plünderten und zertrümmerten, was ihnen in den Weg kam. Am Höhepunkt der Gewaltbewegung wurden in einer Nacht über 1.400 Autos angezündet, dies in über 240 Städten Frankreichs.

Ziel 4 | Und nun zum Zielbereich 4: Wie sieht es mit der Praxis und dem Erfolg der individuellen Förderung aus

Obwohl entsprechend repräsentative Unterrichtsstudien nach wie vor fehlen, kann die Realität des Unterrichts in österreichischen Schulen wohl als „wenig individualisierend" treffend charakterisiert werden. Das geben auch viele Lehrer und Lehrerinnen offen zu.

Zum einen lassen die Rahmenbedingungen der hohen Schülerzahl und der vielen Schüler mit Schwierigkeiten eine echte Individualisierung schwer zu. So gibt es derzeit zu den rund 13 % Kindern nicht-deutscher Muttersprache, die als ordentliche Schüler unsere Schulen besuchen, rund 18.000 außerordentliche Schüler, denen die sprachlichen Grundlagen für die Teilnahme am Unterricht fehlen. Und das ziemlich konzentriert in den städtischen und großstädtischen Schulen, wo die Schülerzahlen auch höher sind.

Zum anderen fehlt es oft auch an der einschlägigen Aus- und Fortbildung der Lehrer und manchmal wohl auch am Willen, diese Individualisierung so, wie gesetzlich eigentlich vorgesehen, auch in die Praxis umzusetzen. Was zusammen mit der viel zu frühen Selektion und dem gegliederten System die „Kompetenzscheren" in Österreich unnötig weit aufgehen lässt.

Sowohl in Lesen wie in Mathematik weist Österreich mehr als 20 % Risikoschüler in einem Jahrgang auf, das zeigen die laufenden PISA-Vergleiche. Ungefähr 15.000 bis 18.000 junge Menschen, die jedes Jahr die Pflichtschulzeit hinter sich bringen ohne ordentlich Lesen und Rechnen gelernt zu haben – das sind zwei- bis dreimal so viele Risikoschüler wie in den besseren, in der Schulentwicklung fortgeschritteneren OECD-Staaten (Finnland, Korea, Kanada, Australien usw.). Wahrlich kein Ruhmesblatt für ein staatliches Schulsystem in einem der reichsten Länder der Welt, das eigentlich die allerbesten Voraussetzungen hätte und diese Potenziale leider nicht nutzt.

Wir haben aber auch nur halb so viele Spitzenleistungen wie diese anderen Staaten (8 % gegenüber 15 oder 16 %), was zeigt, dass weder die individuelle Förderung der Begabten noch die der Schwächeren richtig funktioniert – was ja auch Jahr für Jahr zu einer riesigen Zahl von Nachhilfestunden führt. In Wirklichkeit scheint eine gezielte Individualisierung, also die persönlich adäquate Förderung und Forderung nach dem Schulunterrichtsgesetz, von der individuellen Diagnose über die differenzierte Gestaltung des Lehrens und Lernens bis zur individuellen Leistungsrückmeldung in der Praxis, kaum existent zu sein.

Die äußere Trennung in Form des in AHS und Hauptschule gegliederten Systems ist dabei eher kontraproduktiv und wiegt manche Verantwortliche in dem Irrglauben, es würde dadurch ohnehin quasi automatisch „gefördert" – so ist die Breite der vorhandenen kognitiven Fähigkeiten in vielen städtischen AHS-Unterstufen bereits deutlich größer als in den Leistungsgruppen vieler Hauptschulen. Was bedeuten würde, dass individualisierender Unterricht eigentlich in diesen AHS deutlich notwendiger wäre als in vielen Hauptschulen – was in der Praxis aber keinerlei Konsequenzen hat.

Ziel 5 | Und fünftens und nicht zuletzt: Wie steht es um die gerechten Abschlüsse – um Fairness bei der Vergabe der Berechtigungen?

Die in PISA bei 15-/16-Jährigen gemessene durchschnittliche (!) Leseleistung unterscheidet sich beispielsweise zwischen der besten und der schlechtesten AHS in der Stichprobe um fast zwei Kompetenzstufen (die man etwa mit Notenstufen vergleichen könnte). Ähnliches gilt für die mathematischen und naturwissenschaftlichen Leistungen. Eine vergleichbar große Streuung der Durchschnittsleistungen finden wir durchaus auch in berufsbildenden höheren Schulen des gleichen Typs. Wir verzeichnen also sehr große Leistungsunterschiede innerhalb Schulen derselben Schularten.

Die Analysen aus repräsentativen Studien, in denen Schulleistungen getestet und Noten berichtet wurden, erhellen zunehmend mehr, dass je nach regionaler Situation für gleiche Berechtigungen ganz unterschiedliche Leistungen und unterschiedliche Voraussetzungen erforderlich sind. Schüler in ländlichen Hauptschulen brauchen bis zu 10 Intelligenzpunkte mehr als Hauptschüler in städtischen Ballungsgebieten, um in die erste Leistungsgruppe aufgenommen zu werden und damit alle jene Berechtigungen zu erhalten, die mit deren Besuch verbunden sind. Auf der anderen Seite finden wir im Extremfall AHS-Klassen, deren Durchschnittsleistung in Mathematik und in den Naturwissenschaften niedriger liegen als die Durchschnittsleistungen von 2. Leistungsgruppen ländlicher Hauptschulen.

Interessanterweise jedoch hat die objektive Leistung in standardisierten Tests nur wenig oder gar keine Auswirkung auf die Noten und die Vergabe von Berechtigungen durch diese Schulen – das heißt: Die Verteilungskurven der Noten innerhalb der Schulen sind ähnlich und die Berechtigungen am Ende der AHS und damit der Zugang zur Universität sind mit von Schule zu Schule völlig unterschiedlichen Leistungen zu erreichen. Daher kann z.B. vor einem Numerus Clausus auf Basis von Noten höherer Schulen nur dringend gewarnt werden.

Solche Ergebnisse verweisen auf große Differenzen in den Bildungschancen zwischen Stadt und Land, ebenso wie zwischen Schülern unterschiedlicher Sozialschichten. Für gleiche Berechtigungen, z.B. für den aufnahmeprüfungsfreien Zugang zu weiterführenden Schulen, sind zum Teil unterschiedlich hohe Leistungen erforderlich. Diese Ungleichheiten begünstigen in Summe Kinder aus Großstädten und aus höheren soziokulturellen Milieus.

Fazit und Botschaft: Es ist für die Berechtigungen oder Zeugnisse wichtiger, in welcher Region und Schule ein Schüler ist, als welche objektiven Leistungen er/sie erbringt. In einer Schule ist man mit denselben Leistungen Durchschnitt, mit denen man in einer anderen Repetent oder Drop-out ist. Ein weder rechtlich noch demokratisch auf Dauer erträglicher Zustand, der der Schulpolitik seit mehr als einem Jahrzehnt bekannt ist – wogegen bisher aber nichts Effizientes dagegen unternommen wurde.

Ziehen wir eine Bilanz hinsichtlich des IST-Stands bei den fünf genannten zentralen Systemzielen und analysieren wir die Ursachen von beobachteten Problemen, dann zeigt sich, dass der österreichischen Bildungspolitik und Bildungsverwaltung nicht nur die Bewältigung der großen, anstehenden Herausforderungen der Wissensgesellschaft gelingen, sondern bei der Erneuerung und beim Umbau der schulischen Strukturen auch die Behebung solcher Systemschwächen erfolgen muss.

Dazu kommen noch eine Reihe schwieriger Rahmenbedingungen und negativer Entwicklungen im Bereich von Motivation und Befinden der Schüler, die vor allem Lehrer, aber auch Eltern als erschwerende Bedingungen im Alltag erleben – ich greife hier fünf wichtige Themen auf und verwende vorwiegend Analysen, die wir in der Zukunftskommission als Zusammenfassung vorhandener wissenschaftlicher Untersuchungen 2003 erstellt haben.

Thema 1 | **Rückgang der Freude am Lernen**

Während der 12-13 Jahre, die eine Schullaufbahn mit höherem Abschluss dauert, zeigen sich charakteristische Verläufe in wichtigen motivationalen Variablen: Mit dem Eintritt in die Sekundarstufe I – also mit etwa 10 Jahren – beginnt ein spürbarer Rückgang der Freude am Schulbesuch, ein Rückgang des Interesses am Lernen und in der Zufriedenheit mit Schule und Lehrern. Umgekehrt nehmen Schulangst, Stress und psychosomatische Beschwerden in diesem Zeitraum deutlich zu und die Schüler verlieren ihr positives Selbstkonzept. Es kommt zu einer Verschlechterung der Beziehungen zu den Lehrern, und zunehmend weniger gelingt es den Schülern, dem schulischen Lernen Sinn für das eigene Leben zuzuschreiben.

Während Mädchen trotzdem ihre Anstrengungen für die Schule steigern und versuchen, deren Anforderungen im Allgemeinen möglichst gut zu erfüllen, kommt es bei vielen Burschen zu einer inneren Abwendung von der Schule, die sich in einer Minimierung des Aufwands und bloß formaler Erfüllung der Anforderungen äußern (dieses geschlechtsspezifische Problem wurde vorher bereits erwähnt).

Es wäre falsch, die Schule als ausschließliche Ursache für diese Entwicklung zu sehen. Während der Schulzeit entwickeln sich die Schüler von Kindern zu jungen Erwachsenen. Sie durchlaufen dabei Entwicklungsstadien, in denen Jugendliche im Allgemeinen stärker auf sich selbst konzentriert sind und den schulischen Anforderungen über längere Zeiten hinweg nicht jene Energie zuwenden können, die zu ihrer Bewältigung eigentlich notwendig wäre. Auf der anderen Seite lässt sich jedoch auch zeigen, dass diese Tendenzen nicht in allen Schulformen feststellbar sind und verstärkt bei solchen Jugendlichen auftreten, denen es weniger gut gelingt, mit den Lehrern und den schulischen Anforderungen zurecht zu kommen.

Die Schule wird offenbar in dieser schwierigen Lebensphase nicht als Unterstützung, sondern als zusätzliche Belastung erlebt. Diesem Rückgang von Schulmotivation entspricht auch, dass es nur wenigen Schülern gelingt, in ihrer Schulzeit die motivationalen Voraussetzungen und lernpsychologischen Kompetenzen zu erwerben, die die Basis für lebenslanges Lernen bilden.

Thema 2 | Zunahme von Verhaltensauffälligkeiten

Nach den Erfahrungen der Lehrerinnen und Lehrer lässt sich in den letzten zwei bis drei Jahrzehnten eine kontinuierliche Zunahme von Verhaltensauffälligkeiten in der Schule feststellen. Es geht insbesondere um die Zunahme von Unterrichtsstörungen, sozialem Fehlverhalten und vereinzelt auch von Gewalthandlungen. Auch wenn Gewalt im engeren Sinne in den letzten Jahrzehnten nicht generell zugenommen hat, gibt es doch Hinweise auf intensivere Ausprägungen bzw. eruptivere Formen, wenn sie tatsächlich zum Ausbruch kommt.

Gewiss sind die Ursachen der Erziehungsschwierigkeiten nicht primär in der Schule, sondern in den außerschulischen Umwelten der Schüler zu suchen. Gleichzeitig aber ist offensichtlich, dass im schulischen Bereich zu wenige und zu wenig effiziente Strategien entwickelt worden sind, mit den veränderten Formen des Aufwachsens von Kindern und Jugendlichen adäquat umzugehen.

Thema 3 | Die ungelösten Probleme der Leistungsbeurteilung

Das Hauptproblem der Leistungsbeurteilung im gegenwärtigen System ist der Mangel an Gerechtigkeit, der bereits vorher thematisiert wurde. Dieser Mangel hängt zusammen mit

- dem generell geringen Informationswert der Ziffernnoten für Zwecke, die über die Schule hinausgehen,
- der mangelnden Vergleichbarkeit der Noten im Hinblick auf die zugrunde liegenden Leistungen,
- dem Fehlen externer Beurteilungsmaßstäbe und objektiver Tests trotz immer wieder nachgewiesener Mängel des Lehrerurteils sowie
- dem Fehlen einer stärker am Prozess des Lernens orientierten schulischen Diagnostik bzw. der dafür erforderlichen diagnostischen Kompetenzen der Lehrerinnen und Lehrer.

In diesen Kontext gehört schließlich auch das noch immer ungelöste Problem des Repetierens. Als Allheilmittel gegen Lerndefizite oder Lernstörungen oder als Konsequenz für falsch gewählte Schultypen scheint es weitgehend untauglich zu sein.

Mit ungelösten Fragen der Leistungsbeurteilung hängt aber auch das Problem immer schlechterer Noten trotz steigendem Aufwand der Schüler zusammen.

Analysen zur Entwicklung der Notengebung während der Schullaufbahn zeigen, dass die Notendurchschnitte aus den Hauptgegenständen während der Schullaufbahn kontinuierlich schlechter werden. Sie betragen am Ende der Grundschule 2,0, liegen am Ende der Sekundarstufe I für Burschen bei 3,0, für Mädchen bei 2,7 und am Ende der Sekundarstufe II bei 3,3 (Burschen) bzw. 2,8 (Mädchen). In der gleichen Zeit steigt der durchschnittliche Zeitaufwand für die Schule von ca. 37 Stunden am Ende der Grundschule auf 55–60 Stunden gegen Ende der Sekundarstufe II.

Die Annahme, dass die Schüler trotz steigenden Aufwandes aufgrund zurückgehender Fähigkeiten immer weniger in der Lage seien, die Anforderungen der Schule zu erfüllen, erscheint nicht sinnvoll. Eher zeigt sich hier eine Diskrepanz zwischen einem immer mehr steigenden Anspruchsniveau der Schule und der Fähigkeit, diese Ansprüche im Rahmen eines stimulierenden Unterrichts einzulösen.

Selbst in der Sekundarstufe II, wo etwa die Hälfte der Jugendlichen aus dem Vollzeit-Schulsystem ausgestiegen sind, die verbleibenden daher eine positive Auswahl darstellen, kommt es nicht zu einer Verbesserung der Notendurchschnitte, und dies trotz permanent steigendem zeitlichen Aufwand für die Hauptfächer. Hier stellt sich – auch im Hinblick auf die Entwicklung des Selbstbildes der Schüler – die drängende Frage nach dem Sinn einer solchen Beurteilungspraxis.

Insgesamt ist zu vermuten, dass das Verhältnis Aufwand zu (Noten-)Ertrag während der Schullaufbahn nicht stimmig ist und vielleicht einen der Gründe bildet, warum die Lernmotivation immer weiter zurückgeht.

Thema 4 | **Beziehungsmanagement statt Leistungsorientierung**

Schulerfolg und Schulbewältigung hängen in hohem Ausmaß mit der Beziehung zwischen Lehrern und Schülern zusammen. Die derzeitige Situation verlangt von den Lehrerinnen und Lehrern, die Schüler einerseits zu unterrichten und zu fördern, andererseits aber auch, über ihren Erfolg und die damit zusammenhängenden Berechtigungen zu entscheiden. Diese Situation ist für alle Schulpartner schwierig: Für die Lehrer handelt es sich um einen schwer auflösbaren Rollenkonflikt.

Schülerinnen und Schüler ziehen daraus häufig den Schluss, dass es in der Schule weniger darauf ankommt, etwas zu lernen oder zu können, sondern darauf, sich mit den Lehrern gut zu stellen. Eltern tendieren dazu, mit Lehrern nicht „echt" zu kommunizieren, sondern strategisch, um ihren Kindern nicht zu schaden. Die Verbindung von Rückmelde- und Berechtigungsfunktion bei der Leistungsbeurteilung erweist sich damit als kontraproduktiv.

Thema 5 | **Noten statt Lernen**

Die Dominanz der Leistungsbeurteilung im schulischen Geschehen führt dazu, dass viele Schüler Lernen nur dann für sinnvoll halten, wenn es unmittelbar zu Noten führt. Sie arbeiten nicht kontinuierlich für die Schule, sondern konzentrieren sich punktuell auf das Bestehen von Prüfungen. Darunter leidet vor allem die Nachhaltigkeit des Lernens, weil ein langfristiger, durch regelmäßiges Üben gestützter Kompetenzerwerb nicht gefördert wird. Der generell hohe außerschulische Zeitaufwand der Schüler (siehe oben) dient vor allem dem Lernen für wenige Hauptgegenstände (die auch in der Schule bereits relativ gut mit Stunden dotiert sind) und dem Vorbereiten von Schularbeiten und Prüfungen.

Auch die Zeitnutzung durch die Schule hängt unmittelbar mit der Notengebung zusammen: Sobald z.B. die Jahresnoten feststehen, ist in der Regel ein fachlicher Unterricht nicht mehr möglich.

Man kann die Schuld an dieser Situation jedenfalls nicht pauschal Lehrern, Lehrergruppen, Eltern oder Schülern zuschieben, das ist m.Es. eher lächerlich angesichts der Faktenlage – trotzdem wird es auch von Politikern immer wieder gemacht. Es handelt sich aber eindeutig um schon langandauernde und tiefe systemische Probleme: Es fehlt eine langfristige und verbindliche Bildungsplanung auf höchster Ebene und eine damit verbundene systematische Qualitätsentwicklung. Innerhalb des Bildungssystems fehlen verbindliche Systemziele, vereinbarte Indikatoren, festgelegte Kriterien (wie man sie für einen nationalen Bildungsbericht etwa wünschen würde).

Es müsste aber auch grundsätzlich zu einer Veränderung der Schulkultur kommen. Schulen und Unterricht müssten – wie es in einer bekannten deutschen Reformeinrichtung, dem Archiv der Zukunft von Reinhard Kahl, heißt – zu „Treibhäusern der Zukunft" gemacht werden[6]. Dazu kann man sich das Wissen um Erfolgsfaktoren anderer erfolgreicher Länder sicher zunutze machen. So haben die Analysen nach der PISA-Studie folgende Erfolgsfaktoren gezeigt:

- stärkere individuelle Förderung (auch in Kleingruppen),
- viel Selbsttätigkeit und Selbstverantwortung im Unterricht,
- positive Erwartungen an alle Schüler – „Jeder kann etwas",
- ein allgemein hoher positiver Stellenwert von Bildung, Bildungsinstitutionen und Lehrern,
- Freude am Lernen, Motivation und Spaß an der Sache,
- ein flächendeckendes Betreuungsangebot in Ganztagsschulen,
- die Selektion nach Leistungen deutlich später (nach 8./9.Stufe),
- autonome und eigenverantwortliche Schulen,
- verbindliche Standards und Bildungs-Monitoring sowie
- Schulen als „gebaute" Pädagogik, wo eine moderne und schülergerechte Architektur als „dritter Lehrer" positiv wirkt (neben dem eigentlichen Lehrer und dem Mitschüler als zweiter Lehrer).

Der Philosoph Peter Sloterdijk meint dazu:

„Man muss sich mit Lehrern zur Erneuerung der Schule von ihrer starken Stelle her verbünden, an ihrem regenerierbaren, enthusiastischen Quellpunkt. Diese Aufklärung muss stark auftreten und sagen: Hier bieten wir Chancen, hier ist unser Wissen, unsere Lebenskunst – zu all dem laden wir ein. Die Geste der Einladung ist vielleicht das Wichtigste. Durch sie werden die Schulen sozusagen Gästehäuser des Wissens und Ausflugsziele für die Intelligenz."

---

6 Siehe Reinhard Kahl unter www.reinhardkahl.de und www.archiv-der-zukunft.de .

Dazu wäre es meiner Ansicht aber für viele im Bildungsprozess Tätige (Lehrer, Eltern, Politiker – auch manche Journalisten) dringend notwendig, das verbreitete pädagogische Alt-Paradigma, das aus dem persönlichen Hintergrund viele Entscheidungen im Bildungsbereich steuert, stark zu hinterfragen[7]. Es entspricht in wesentlichen Teilen nicht den Erkenntnissen der Wissenschaft und ist auch durch umfangreiche praktische Erfahrungen in anderen, in Bildungsfragen inzwischen erfolgreicheren Ländern widerlegt.

So ist die Mär vom angeblichen Erfolg der äußeren Differenzierung bei den 10- bis 14-Jährigen in AHS und HS und der fixen „Homogenisierung“ von Schülergruppen, verbunden mit der frühen Selektion und einem undifferenzierten, lehrerzentrierten Unterricht für den „fiktiven mittleren“ Schüler, ein unglaublich schwer zu erschütterndes Vorstellungsbild –, insbesondere in manchen Lehrergruppen, aber auch bei einflussreichen Politikern. Das Paradigma umfasst eine stark fachwissenschaftliche Orientierung schon für 10-Jährige, eine durchgehende Leistungsbeurteilung nach der sozialen Norm und einer misserfolgsbestimmten „Blut, Schweiß und Tränen“-Ideologie für viele Schüler, wenn es um „die Leistungen“ geht. Obwohl längst die Gegenbeweise auf dem Tisch liegen, feiert diese hauptsächlich auf fester Einbildung beruhende, völlig veraltete pädagogische Vorstellung nach wie vor auch bei uns fröhliche Urständ – damit komme ich auch bei vielen Vorträgen und Diskussionen und bei der Lektüre diverser, vor allem konservativer Lehrerzeitungen immer wieder in Kontakt.

Differenzierte Analysen von Schulsystemen zeigen aber seit längerem, dass eher das Konkurrenzmodell flexibler innerer Differenzierung den größeren Erfolg verspricht – sowohl leistungsmäßig als auch sozial. Ein Erfolgsmodell mit einer stark individuellen, schülerzentrierten Unterrichtskomponente verzichtet auf zu frühe Selektion, bietet einen eher themen- und problemzentrierten, selbsttätigen Unterricht an, der – wie die Leistungsrückmeldung – sich stärker an der Einzelperson und ihrem Fortschritt sowie an objektiven Standards ausrichtet.

Das ist nach dem jetzigen Stand der Unterrichtsforschung eindeutig erfolgversprechender – das moderne pädagogische Modell orientiert sich stärker an Leistungsfreude und Interesse (Jeder kann was !). Leider ist das derzeitige Schulsystem insgesamt stark am traditionellen (und falschen) Paradigma ausgerichtet, für den modernen Ansatz fehlen vielen Lehrern derzeit auch die notwendigen didaktischen Kompetenzen, aber oft auch entsprechende Rahmenbedingungen, z.B. zur effektiven Individualisierung.

Eine umfassende Schulreform muss einen solchen Paradigmenwechsel entsprechend vorbereiten, auch durch informative Begleitmaßnahmen und konsequentes Handeln - wenn wir nicht langfristig weiter ernsthafte Nachteile in Kauf nehmen wollen: In Form von zu vielen Risikoschülern ohne anschlussfähiges Wissen und in Form von deutlich weniger Spitzenleistungen, als es unserem eigentlichen Potenzial entspricht.

7 Im Detail meine ich damit die schematischen persönlichen Sicht- und Zugangsweisen der Menschen zu den Kernproblemen der Pädagogik, resultierend aus erworbenen Einstellungen, Wertvorstellungen und pädagogischem Wissen. Solche oft wenig geprüften, auf Alltagstheorien beruhenden Schemata dienen der eigenen „Welterklärung“ und steuern z.T. das Handeln.

3. | Das Reformkonzept „zukunft:schule“

Langfristige Strategien, konkrete Maßnahmen

Wie muss eine solche umfassende Veränderung, eine Umstrukturierung und Neugestaltung strategisch angelegt werden – wie müssen die neuen Wege nach PISA nach den Empfehlungen der Zukunftskommission angelegt werden?

Priorität nach den Vorschlägen der Kommission hat der Unterricht, die Verbesserung der Unterrichtsqualität. Das wichtigste Reformziel lautet daher: Schule und Unterricht systematisch verbessern. Sowohl Ergebnisse neuerer Leistungsmessungen (vor allem PISA), als auch die seit mehr als einem Jahrzehnt laufenden Überlegungen zur Qualitätsverbesserung in den Schulen legen nahe, die Lehr-/ Lernprozesse im Unterricht, die Unterrichtsinhalte und die Unterrichtsmethoden, somit „Guten Unterricht“, zuerst in das Zentrum zu rücken.

Ein großer Vorteil besteht darin, dass unabhängig von ideologischen und Struktur-Debatten relativ rasche Verbesserungen möglich scheinen. Drei Gesichtspunkte sind hier von besonderer Bedeutung:

(a) die Individualisierung, eine gezielte und differenzierte Förderung von schwächeren und begabteren Schülern, die Abstimmung des Unterrichts auf Bedürfnisse der einzelnen Schüler/innen;

(b) eine nachhaltigere, an langfristigem Aufbau von Kern-Kompetenzen orientierte Didaktik – mit kumulierten, verlässlichen Ergebnissen am Ende der Schulzeit (an Standards für Fachleistungen, übergreifenden Kulturtechniken sowie sozialen und personalen Kompetenzen orientiert) – statt der bisherigen, eher kurzfristigen „sequenziellen“ Lern- und Vergessensphasen von Test zu Test, von Schularbeit zu Schularbeit;

(c) eine interessantere, motivierendere Organisation und Gestaltung des Unterrichts, abwechslungsreichere Lehr/Lernformen und mehr Selbsttätigkeit – d.h. den Anteil offener Lernformen erhöhen, mehr Projektorientierung, E-Learning usw.

Da man auf den Unterricht ja nur indirekt, d.h. über Lehrer sowie die Beeinflussung einiger Rahmenbedingungen Zugang hat, muss eine Erfolg versprechende Strategie in diesem Bereich verschiedene Maßnahmen kombinieren, an verschiedenen Hebeln gleichzeitig ziehen – man darf sich keinesfalls einbilden, man könnte durch ein paar kosmetische oder bloß strukturelle Änderungen (5-Tage-Woche, Nachmittagsbetreuung etc.) wirklich etwas Nachhaltiges in Richtung Leistung bewirken – die Sache ist wesentlich komplexer:

So empfiehlt die Zukunftskommission vor allem eine Verbindung von

- klaren Kernzielen und nachhaltiger Ergebnisorientierung,
- mit der Stärkung der Schulen durch Autonomie und selbstständiger Schulentwicklung,
- mit besseren Rahmenbedingungen für Lehrer/innen und Unterricht sowie der Bereitstellung von entsprechenden Unterstützungsleistungen,
- mit einer qualitativ verbesserten Aus- und Fortbildung der Lehrer und Schulleiter/innen und
- mit mehr Rechenschaftspflicht und regelmäßiger Qualitätsprüfung/-sicherung.

Die Empfehlung der Kommission umfasst fünf zentrale Handlungsbereiche: Systematische Qualitätsentwicklung an Schulen, Ergebnisorientierung und Qualitätssicherung, innere Schulorganisation und Autonomie, Professionalisierung und Stärkung des Lehrberufs sowie die Forschungs- und Unterstützungsleistungen.

Was ist darunter im Detail zu verstehen?

Handlungsbereiche 1 und 2 | **Systematisches Qualitätsmanagement: Förderung der Qualitätsentwicklung und der Qualitätssicherung auf allen drei Ebenen**

Strategisch erwartet sich die Zukunftskommission Qualitätsfortschritte vor allem von der Kombination entwicklungsanregender mit qualitätsprüfenden Elementen. Der Qualitätsmanagement-Zyklus (Programm mit Zielen + Umsetzung + Evaluation + neues Programm) als Prinzip soll auf allen drei Ebenen, sowohl für die einzelne Lehrperson (z.B. Lernzielorientierung, Selbstevaluation), für jede Schule (z.B. Schulprogramm, Schulqualitätsbericht) als auch für die nationale Bildungspolitik (z.B. Bildungsindikatoren, Nationaler Bildungsbericht) verpflichtend gelten.

Priorität 1: Die systematische Qualitätsentwicklung am Standort mit Schulprogramm, Schulbilanz und Schulqualitätsbericht sowie mehr Rechenschaftspflicht für die pädagogische Arbeit

Priorität 2: die Ergebnisorientierung und Qualitätssicherung mithilfe von Bildungsstandards und ihrer Überprüfung, und der Einrichtung echter Qualitätsinspektorate nach niederländischem Vorbild, sowie die Umwandlung der jetzigen Leistungsbeurteilung in ein objektives und faires Instrument, das stärker am individuellen Fortschritt und an Kriterien orientiert ist und stärker die Motivation der Schüler fördert.

Handlungsbereich 3 | **Mehr Autonomie und mehr Selbstverantwortung – erhöhter Handlungsspielraum für Schulen bei transparenter Leistung und Rechenschaftspflicht**

In konsequenter Weiterführung einer bestehenden bildungspolitischen Initiative sollen Selbstständigkeit und Eigenverantwortung der einzelnen Schulen weiter gestärkt werden (z.B. durch personelle und finanzielle Autonomie, Leistungsvereinbarungen und Planungssicherheit), bei gleichzeitiger Beseitigung von unterrichtsorganisatorischen Barrieren (z.B. Eröffnung neuer pädagogischen Möglichkeiten im Bereich der Unterrichtszeit, der Arbeitszeitregelungen) und der Optimierung mancher Bereiche der Schulorganisation (z.B. sprachliche Frühförderung, optimierter Schulbeginn, Schulsprengel und Wettbewerb). Jede Erhöhung von Autonomie bedeutet allerdings gleichzeitig eine vermehrte Rechenschaftspflicht der Schulen über die erzielte Schulqualität.

Prioritäten: Die Erweiterung der Autonomie, die Selbstbestimmung bei Unterrichtszeit und Betreuungsformen, das gesetzliche Anrecht auf Ganztagesbetreuung mit verschränktem Unterricht, ein verpflichtendes Kindergartenjahr zur besseren Frühförderung sowie die Neuorganisation des Förderunterrichts und die Einschränkung des Repetierens, u.a. durch ein flexibles Kurssystem in der Oberstufe.

Handlungsbereich 4 | **Professionalisierung der Lehrer: kriterienbezogene Auswahl, kompetenzorientierte Ausbildung, leistungsorientierte Aufstiegsmöglichkeiten**

Wir brauchen eine einheitliche, universitär bzw. vollakademisch ausgerichtete Ausbildung aller Lehrer – nach dem Bolognamodell mit Anschlussfähigkeit, d.h. Anerkennung des Bakkalaureats (für Kindergarten und Pflichtschule) sowie des darauf aufbauenden Magisteriums (für die Oberstufen-Lehrer) im Rahmen der Dreigliederung der Universitäten. Lehramtskandidaten sollten sorgfältiger und stärker kriterienbezogen ausgewählt werden, z.B. durch frühe und verstärkte Konfrontation mit der Praxis (auch an den Universitäten). Alle Kandidaten sollen vor Studienbeginn eine umfassende, mehrtägige Informations- und Eignungsphase und in den beiden ersten Semestern eine berufliche Eingangs- und Orientierungsphase durchlaufen. Der Erfolg bei den Prüfungen und vor allem die Bewertung der persönlichen Eignung der Lehramtskandidat/innen im Umgang mit Kindern und Jugendlichen entscheidet über die weitere Zulassung zur Ausbildung, die stärker an den tatsächlichen Aufgaben orientiert sein muss.

Zur Professionalisierung soll die Einführung eines neuen Laufbahnmodells für Lehrer wesentlich beitragen, mit Stärkung der pädagogischen Kernaufgaben, einem stärkeren Leistungsbezug und einem höheren Einstiegsgehalt – dazu müssen neue, allerdings an zusätzliche Qualifikationen und klare Kriterien gebundene Karriere- und Aufstiegsmöglichkeiten im Lehrberuf eingerichtet werden, z.B. als mittleres Management, in Qualitätsentwicklungs- und Sicherungsfunktion sowie in regionalen Unterstützungs- und überregionalen Kontrollinstitutionen.

Priorität haben die Neuorganisation der Lehrerauswahl, eine einheitliche akademische Ausbildung der Pädagogen vom Kindergarten bis zur Sekundarstufe I – zusammen mit einem neuen, leistungsorientierteren Laufbahnmodell für Lehrer und einer Anhebung der Anfangsgehälter um 20-30%.

Handlunsbereich 5 | **Mehr Forschung und Entwicklung und bessere Unterstützungssysteme**

Wie im Bereich von Wirtschaft und Technologie sind auch im Bildungswesen die Häufigkeit und die Qualität von Innovationen eng mit den Quoten für Bildungs- und Unterrichtsforschung und Qualitäts- bzw. Schulentwicklung gekoppelt. Eine wesentliche Vergrößerung des Anteils und die verbesserte Nutzung der Ressourcen für Unterstützungssysteme und für Forschung und Entwicklung ist daher eine unverzichtbare begleitende Maßnahme.

Aus diesen grundsätzlichen Strategien in den wichtigsten Handlungsbereichen leiten wir dann eine Fülle von konkreten Maßnahmen ab. Sie werden im Abschlussbericht der Zukunftskommission in kurz- und mittelfristige Reformbereiche sowie in strukturelle Entwicklungsbereiche gegliedert und so aufbereitet, dass die Zusammenhänge sichtbar werden und die notwendigen Durchführungsschritte verständlich sein müssten.

Sie können diese Analysen und detaillierten Empfehlungen der Zukunftskommission, die Beschreibung der Strategien und Maßnahmen zur Erneuerung des Schulwesens genauer nachlesen – auf der Homepage des Ministeriums und auf www.klassezukunft.at findet man die entsprechenden Dokumente unter „Zukunftskommission".

Die notwendige Modernisierung der Strukturen

Über die (auftragsmäßig begrenzten) Empfehlungen hinaus müssen meiner Meinung nach grundlegende strukturelle Überlegungen angestellt und u.a. die Probleme an den Schnittstellen behoben werden – dazu ist allerdings auch noch einiges an Forschung und Entwicklung nötig.

Es muss eine neue Struktur mit einem Gesamtkonzept von der gezielten Frühförderung der 4- bis 5-Jährigen bis zu den 18-Jährigen geschaffen werden. Die bekannten Probleme in der Schuleingangsphase, die zu frühe Selektion mit 10 Jahren und die Problematik der 9. Schulstufe müssen dabei behoben werden – eine deutlich längere gemeinsame Schulzeit für alle Schüler- und Schüler/innen würde eine stärkere Kompensationswirkung und mehr Chancengerechtigkeit erbringen. Wir müssen das Potenzial, das bildungsmäßig in den unteren Schichten steckt, stärker nutzbar machen und damit ein gerechteres, mehr und verbesserte Chancen für alle bietendes System einrichten – das überdies auch noch nachhaltig eine bessere Sicherung der Grundkompetenzen und Kulturwerkzeuge bewerkstelligen soll. In diesem Konzept müssen mögliche Innovationen wie Kurssysteme, altersgemischte Gruppen und Flächenfächer weiter durchdacht und integriert werden.

Darüber hinaus sollten die Schulversuchsparagrafen abgeschafft und eine weitgehende regionale Organisationsautonomie rechtlich ermöglicht werden, um eine den regionalen Bedürfnissen und Intentionen besser angepasste Schulorganisation zu ermöglichen. Wir brauchen außerdem eine Vielzahl „bunter Schulen", wir müssen uns auf mehr Vielfalt einlassen und die Innovationen und innovativen Lehrer und Lehrerinnen an den Schulen fördern. Zumindestens müssen wir Ideen und ihre Einfälle auch zulassen, wenn die Schulgemeinschaft vor Ort sie unterstützt. Die bisherige restriktive Gesetzgebung und Verwaltung sollte zugunsten einer vernünftigen Ergebniskontrolle aufgegeben werden. Damit wird auch ein positiver Wettbewerb der guten Ideen im System unterstützt.

Zur strukturellen Modernisierung gehört auch eine Bereinigung, Klärung und Neuaufteilung der Kompetenzen zwischen den zahlreichen Ebenen in Politik und Verwaltung und eine Neuorganisation der gesamten Bildungsverwaltung – beginnend beim Ministerium.

Und besonders wichtig: Wir müssen der drückenden parteipolitisch-ideologisch-ökonomischen Falle unseres Schulsystems entkommen – eines Schulsystems, wo jeder Quadratzentimeter parteipolitisch vermessen und zugeordnet ist, in dem jeder wichtige Posten, vom Direktor bis zum Ministerialbeamten, ein Partei-„Mascherl" trägt – in demokratischen Staaten weltweit wohl eine einzigartige Situation. Das ist und war nie wirklich sinnvoll begründbar und widerspricht völlig den Grundsätzen einer modernen, offenen Gesellschaft. Die Parteipolitik steuert die Karrieren der Menschen im Schulsystem, verschafft vielen ungeeigneten Personen Einfluss und Steuerungsmacht, schafft Abhängigkeiten und Barrieren und behindert den erforderlichen Fortschritt. Denn hinter vielen reformfeindlichen Aktionen stehen Personen, die ihre Macht parteipolitischer Verdienste wegen, aber nicht aufgrund ihrer fachlich-beruflichen Qualifikationen ausüben – und jede Reform in Richtung Konzept der Zukunftskommission würde für sie und ihre Organisation erheblichen Machtverlust bedeuten.

Was passierte bisher mit dem Reformkonzept der Zukunftskommission?

Insgesamt hat das von der Zukunftskommission vorgelegte Reformpapier eine breite positive Resonanz in der Öffentlichkeit gefunden und wurde als geeignetes Rahmenmodell für die Verbesserung der Schule angesehen. Drei Parlamentsparteien (SP, Grüne, FPÖ/BZÖ) haben sich in Diskussionen konkret mit den Vorschlägen auseinander gesetzt und generelle Zustimmung und Unterstützung signalisiert. Das wurde auch in einer speziell dafür anberaumten Sitzung des Unterrichtsausschusses im Parlament klar, wo ich die Gelegenheit hatte, das Konzept zu präsentieren.

Aber auch die große Regierungspartei ÖVP signalisierte durch ihre wichtigsten Vertreter im Frühjahr 2005 vorerst einen gewissen Reformwillen:

- Als Konsequenz aus den Vorschlägen der Zukunftskommission (und als Nachhall der inzwischen bekannt gewordenen, wenig schmeichelhaften Ergebnisse der PISA-Studie 2003) fand im Februar 2005 ein sogenannter Reform"dialog" in der Hofburg statt – der allerdings seinem Namen kaum gerecht wurde [8]. Nach kurzen Expertenvorträgen folgte eine Vielzahl einzelner Statements – ein relativ öder, mehrere Stunden langer (!) Redemarathon ohne jeden Ansatz eines Dialogs. Das Ergebnis in Form einer vorbereiteten Presseerklärung der Regierung stand auch vorher schon fest und wurde noch vor Beendigung des „Dialogs" den Medien vorgestellt.

8 Mehr als 6 Stunden lang (!) gaben Mitglieder der Bundesregierung, Landeshauptleute, Bildungssprecher/innen aller Parteien, Vertreter/innen der Wirtschaftskammer, des Gewerkschaftsbundes, der Bundesarbeitskammer, der Industriellenvereinigung, der Präsidentenkonferenz der Landwirtschaftskammern, der Landesschulräte und Universitäten sowie zahlreiche Persönlichkeiten des öffentlichen Lebens (insgesamt mehr als 70 Personen) weitgehend zusammenhangslos und in einer vorbestimmten Reihenfolge jeweils 3 – 5-minütige Einzelstatements ab – diskutiert wurde nicht, ein Dialog fand nicht statt.

- In der gemeinsamen Pressekonferenz zum Abschluss der Zukunftskommission am 13. April 2005 kündigte die zuständige Bundesministerin Elisabeth Gehrer auf der Basis der Empfehlungen der Experten umfangreiche Schulreformen an. Die von der Kommission vorgeschlagenen Strategien und konkreten Reformmaßnahmen sollten – gebündelt in acht „Schulpaketen" – in den Jahren 2005 und 2006 von der Bundesregierung realisiert werden.

Aber schon im Sommer und Herbst 2005 kam es zu einer Umgestaltung der ursprünglichen Inhalte des ersten und zweiten sogenannten „Schulpaketes" durch das Ministerium, bei der am Schluss von den langfristigen Strategien und den konkreten Maßnahmen der Kommission praktisch kaum noch etwas erkennbar war. Selbst weniger Eingeweihten wurde langsam klar, dass den großen Ankündigungen von den „acht großen Schulpaketen" tatsächlich keine entsprechenden Taten folgen würden.

Weder die Ministerin selbst noch ihr Stab machten im persönlichen Gespräch und in den Medien den Eindruck, dass sie es tatsächlich mit diesen „Schulpaketen" weiter ernst meinen würden und dass sie die entsprechenden Detailarbeiten, Maßnahmenpläne und Ressourcenzuweisungen zur Umsetzung des Konzepts der Zukunftskommission wirklich veranlassen würden.

Als ich mich allerdings in diesem Sinne in einem Interview (in: Die Furche, 26. September 2005), diese offensichtliche Realität beschreibend, kritisch äußerte, setzte die ÖVP schlagartig ihren Parteiapparat ein – nicht um diesem Eindruck der Reformunwilligkeit argumentativ zu begegnen, sondern um mich persönlich zu treffen: Die in Österreich ortsüblich vorgesehene Strafe für Experten-Kritik an der Regierung wurde als ausgedehnte Verleumdungs- und Schmutzkübelkampagne am Kritiker Günter Haider exekutiert [9].

Unter dieser Regierung, in dieser Legislaturperiode, sehe ich persönlich den notwendigen Aufbruch, das mutige Vorwärtsschreiten zur besseren Schule nicht mehr als wahrscheinlich an. Das Aufschieben wichtiger, ohnehin schon längst überfälliger Maßnahmen für weitere ein, zwei Jahre durch die Bildungsministerin bedeutet einen erhöhten Handlungsdruck und eine umfangreichere Aufgabe für die kommenden Regierungen – sowohl was die Antwort auf die beschriebenen Herausforderungen als auch was die Lösung der vorhandenen Problemfelder betrifft. Die Notwendigkeit der Umgestaltung des Schulsystems ergibt sich ja im Vergleich des jetzigen Zustands mit

9 Nachtrag (Dezember 2005) zu den „Acht Schulpaketen":
Nur wenige Wochen später hat Frau Bundesminister Gehrer dann genau das gemacht, was ich in diesem Furche-Interview bereits als persönlichen Eindruck offen mitgeteilt hatte: Sie sagte von einem Tag auf den anderen sämtliche groß angekündigten und als „Neue Schule" angepriesenen Reformmaßnahmen ab und stornierte alle weiteren Schulpakete für die gesamte Legislaturperiode. Als wären alle vorhandenen Analysen, Schlussfolgerungen und Entschlüsse plötzlich nicht mehr wahr. Man plakatierte trotzdem um große Summen „Die Neue Schule" weiter quer durch die Republik.

einem zukünftigen, erwünschten Zustand und ist von pädagogischen, psychologischen und soziologischen Erkenntnissen sowie langfristig angelegten Systemzielen und Qualitätsmerkmalen stärker bestimmt als von irgendwelchen kurzfristigen, parteipolitisch motivierten Überlegungen oder standespolitischen Rücksichtnahmen.

Selbstverständlich tragen wir alle einen Teil der Verantwortung dafür, dass das Bildungssystem entsprechend modernisiert und den Anforderungen der kommenden Jahrzehnte gerecht wird. Wir wollen ja der nächsten Generation möglichst optimale Bedingungen bieten – schon aus rein egoistischem Interesse. Jeder von uns sollte sich in seinem Bereich daher für die Reformen einsetzen, jeder sollte die Frage der Bildungsqualität auch in die Entscheidung über programmatische Angebote der Parteien an der Wahlurne berücksichtigen.

Das Schlusswort dazu will ich dem Philosophen Peter Sloterdijk überlassen, dem ich zwar nicht in jeder seiner Analysen und Provokationen folgen möchte – dessen Statement über die notwendige Bildungsreform ich aber voll inhaltlich teile.

Er schreibt: „Wenn wir das Glück hätten, in nächster Zeit nochmal einen richtigen, produktiven Bildungsskandal zu bekommen, dann könnte man nach der Abreaktionsphase, in der man die Pflicht und die Neigung zu klagen gemeinsam abgearbeitet hat, in eine produktive Diskussion eintreten und versuchen eine Schule zu entwerfen, die auf der Höhe unserer Erkenntnisse steht.

Die Zeit dafür ist reif, was die Akkumulation von Unbehagen anbelangt. Aber was die Positivkräfte angeht, da wird man das Wenige, was uns geblieben ist, erst noch mal neu aufstellen müssen, um zu sehen, ob es für eine solche Bildungs-Offensive auch reicht."

Ich denke, der Pflicht zu klagen ist als Folge der PISA-Debatte schon Genüge getan worden, produktive Diskussionen als Konsequenz der Zukunftskommission haben uns zu brauchbaren Konzepten geführt – jetzt müssen endlich die Taten folgen: Die positiven Kräfte müssen sich durchsetzen. Es sollte, es muss in Österreich für eine solche Bildungsoffensive reichen, es muss den notwendigen Aufbruch bald geben – weil uns keine denkbare Alternative zur Verfügung steht.

Peter Huemer

Erinnern und Vergessen

Wer im Höllengebirge zwischen Attersee und Traunsee den Brunnkogel besteigt, der findet am Gipfel ein mächtiges Kreuz vor – angeblich das höchste Kreuz der Voralpen –, das durch seine extravagante Gestaltung unser Interesse weckt: zwischen den massiven Stahlstreben, die als senkrechte Kreuzbalken dienen, werden in Form schmiedeeiserner Scherenschnitte die Berufe der Gegend dargestellt, hierarchisch geordnet von unten nach oben, das heißt: unten über dem Sockel der Bauer, der Holzfäller und ganz oben, über dem Querbalken des Kreuzes, der Ingenieur und der Arzt. Obwohl der Pfarrer unter den dargestellten Berufen fehlt, steht das Urteil des Betrachters sofort fest: 30er Jahre, Ständestaat, sagen wir: 1935. Um so größer ist das Erstaunen, wenn wir erfahren, dass diese ästhetische Zierde des Austrofaschismus aus dem Jahr 1970 stammt. Im September 1970, als dieses Kreuz auf dem Brunnkogel aufgestellt wurde, war aber bereits Bruno Kreisky Bundeskanzler und Hannes Androsch war Finanzminister.

Warum also 1970 dieses Kreuz in der Formensprache der 30er Jahre-Diktatur? Zur Abwehr der Roten? Hatte sich der Austrofaschismus, aus den Städten und Dörfern vertrieben, in lichte Bergeshöhen zurückgezogen? Denn es war ja nicht so, dass es mit austrofaschistischem Denken und Fühlen 1938 oder 1945 abrupt vorbei gewesen wäre. So schnell geht das nicht. Adolf Schärf, SPÖ-Vorsitzender und Vizekanzler ab 1945, erinnert sich in „Österreichs Erneuerung. 1945 – 1955“ an den „Faschistengeist“ in der jungen ÖVP. Deswegen habe er Bundeskanzler Figl zur Rede gestellt, „weil er immer wieder Dollfuß verherrlichte“. Schärf vermutet daher, dass „ die stille Sehnsucht der Männer der Volkspartei des Jahres 1946“ dem „austrofaschistischen Regime“ gegolten habe. Das war also 1946. Zwischen den frisch versöhnten Parteien des Bürgerkriegs von 1934 lag in Wirklichkeit immer noch ein Abgrund. Und auch wenn später die verklärende Erinnerung an die Dollfuß-Schuschnigg-Diktatur verblasste: das autoritäre Potential in Österreich blieb lange erhalten, bis tief in die Zweite Republik hinein – und zwar nicht nur im christlich-

Vortrag vom 5. Dezember 2005 im Marmorsaal des Oberen Belvedere im Rahmen der Ausstellung „Das Neue Österreich“

konservativen Lager, sondern auch im sozialdemokratischen. Aufschluss darüber gibt eine Untersuchung des IFES aus dem Jahr 1978, also nach 8 Jahren Regierung Kreisky: „Verbrecher werden heute viel zu milde behandelt", 80 % Zustimmung. „Menschen kann man in zwei Klassen teilen: in Starke und Schwache", 47 % Zustimmung, nur 19% dagegen. Und so weiter. Das war 1978. Im Club 2 haben wir uns wiederholt mit den Ergebnissen dieser Umfrage beschäftigt.

Ich mache jetzt einen Sprung. Für sein Buch „Die paradoxe Republik. Österreich 1945 bis 2005" hat Oliver Rathkolb im Jahr 2004 exakt dieselbe Umfrage wiederholen lassen. Und da zeigt sich doch ein beträchtlicher Bewusstseinswandel. Hatten 1978 immerhin noch 19 % dem Satz zugestimmt: „Es wäre nicht das Schlechteste, es käme wieder ein Hitler", so sind es jetzt nur mehr 4 %. Die Wiedereinführung der Todesstrafe für Terroristen hätten 1978 sogar 60 % befürwortet, heute sind es 12 %. Für die „natürliche Rolle der Frau als Hausfrau und Mutter, in der sie Erfüllung finden kann" sprachen sich 1978 51 % aus, heute sind es 13 %. Die Ablehnung dieses Satzes ist von 16 auf 65 % gestiegen. Und so fort. Das heißt: Hier hat sich wirklich etwas verändert. Das kann man als einen Sieg der Demokratie bezeichnen. Das autoritäre Potential in Österreich hat erkennbar abgenommen – auch wenn in diesen Zeitraum der Aufstieg der Freiheitlichen Partei fällt. Sie ist ja auch wieder abgestiegen.

Aber zurück auf den Brunnkogel. Warum dieses Gipfelkreuz, das uns seit 1970 auf eine skurrile Zeitreise schickt? Es ist wohl so, dass die Ästhetik des Faschismus tiefsitzenden menschlichen Bedürfnissen entspricht: sie hat etwas Beruhigendes und etwas Belehrendes, es gibt ein Unten und ein Oben, in diesem Fall vom Holzfäller zum Doktor, eine Ordnung, an die man sich halten kann. Jeder hat seinen Platz. Es gibt die Guten und es gibt die Bösen. Wir kennen uns aus. Und im Reich der Guten gibt es nichts Verstörendes und nichts Hässliches, keinen Schmutz und keinen Schund. Die Welt ist rein. Uns interessiert jetzt nicht, ob das Kitsch ist. Das ist hier nicht die Frage. Es geht um Sehnsuchtskunst, die im 20. Jahrhundert sowohl im Faschismus als auch im Sozialistischen Realismus der Stalin-Zeit ihren Ausdruck gefunden hat. Da aber die Ästhetik der Diktaturen 1970 in der westlichen Kunstwelt ziemlich in Verruf geraten war, hat sie sich auf den Brunnkogel im Höllengebirge zurückgezogen. Dort richtet sie keinen Schaden an. Und ich meine daher, kein Bergsteiger sollte an diesem Kreuz Anstoß nehmen. Im Gegenteil, er möge sich freuen über den Kunstwillen seiner Errichter. Es ist harmlos und kurios in seiner Verspätung. Aber Verspätungen gibt es immer wieder in der Geschichte.

Zum bisher Gesagten ein Hinweis: Wenn ich hier über „Erinnern und Vergessen" spreche, dann ist mir natürlich bewusst, dass alles, was mit „Gedächtnis" zusammenhängt, seit den späten 90er Jahren in den Kultur- und Geisteswissenschaften auf besonderes Interesse stößt. Das hängt wesentlich mit den Arbeiten von Jan und Aleida Assmann über das „kulturelle Gedächtnis“ zusammen, worin beide Theorien des französischen Sozialwissenschaftlers Maurice Halbwachs aus der ersten Hälfte des 20. Jahrhunderts weiterdenken. Halbwachs war es, der das Gedächtnis als soziales Phänomen definiert hat und darauf hingewiesen hat, wie schwierig, ja beinahe unmöglich es sei, zwischen individuellem und sozialem Gedächtnis zu unterscheiden. Für diesen „sozialen Aspekt des individuellen Gedächtnisses“ haben Jan und Aleida Assmann den Begriff „kommunikatives Gedächtnis“ geprägt. Und Jan Assmann schreibt dazu: „Für ein funktionierendes kommunikatives Gedächtnis ist das Vergessen ebenso wichtig wie das Erinnern.“

Dieses Wechselspiel von Erinnern und Vergessen ist es, das mich interessiert. Beides ist für uns unerlässlich, das Erinnernkönnen wie das Vergessen können. Denn die Abwehr von Erinnerung kann zuweilen der einzige Weg sein für ein erträgliches Weiterleben. Wenn Ottokar bei Grillparzer an die Schmach zurückdenkt, vor Rudolf gekniet zu haben, um sein Lehen zu empfangen, dann schreit er gequält:

„Lösch aus, Erinnerung, in meinem Haupt,
Senk, Wahnsinn, dich herab auf meine Stirn
Und hüll in deine Wogen, was geschehn!“

Das Untypische daran ist lediglich die Radikalität dieses Vergessenswunsches, die auch den Wahnsinn der Erinnerung vorzieht. Häufig tun sich Menschen damit wesentlich leichter: Sie spalten den belastenden Teil ihrer eigenen Geschichte einfach ab – und weg ist er. Canetti beschreibt in „Masse und Macht“ die typische Reaktion des nationalsozialistischen Täters: „Es ist bekannt, dass Menschen, die unter Befehl handeln, der furchtbarsten Taten fähig sind. Wenn die Befehlsquelle verschüttet ist und man sie zwingt, auf ihre Tat zurückzublicken, erkennen sie sich selber nicht. Sie sagen: Das habe ich nicht getan, und sie sind sich keineswegs immer klar darüber, dass sie lügen. Wenn sie durch Zeugen überführt werden und ins Schwanken geraten, sagen sie noch: So bin ich nicht, das kann ich nicht getan haben. Sie suchen nach den Spuren der Tat in sich und können sie nicht finden. Man staunt, wie unberührt von ihr sie geblieben sind. Das Leben, das sie später führen, ist wirklich ein anderes und von der Tat in keiner Weise gefärbt. Sie fühlen sich nicht schuldig, sie bereuen nichts. Die Tat ist nicht in sie eingegangen ...“

Wichtig und hellsichtig ist diese Textstelle bei Canetti, 1960 publiziert, noch ehe Hannah Arendt über die „Banalität des Bösen“ schrieb, um zu zeigen, dass die Täter keine Monster waren, sondern ganz gewöhnliche Leute. Das war damals, in den 60er Jahren, eine wichtige Erkenntnis. Und doch habe ich meine Zweifel. Ich vermute im Gegensatz zu Canetti: ganz tief drinnen haben die Murer und Gogl und wie sie alle heißen, die von österreichischen Gerichten in den 60er und 70er Jahren freigesprochen worden sind, ganz tief drinnen haben diese Menschen genau gewusst, was sie getan haben. Und dennoch – obwohl sie über sich und ihre schrecklichen Taten Bescheid wussten – dürfte es so gewesen sein, wie Canetti sagt: „Sie fühlen sich nicht schuldig, sie bereuen nichts." Das heißt aber: Sie waren doch Monster. Und was bleibt, ist eine unauslöschliche Schande der österreichischen Justiz der Zweiten Republik. Im Triumphzug wurde der freigesprochene Murer aus dem Gerichtssaal geleitet.

Es mag paradox klingen, aber die Opfer haben sich zumeist viel schwerer getan mit ihren Erinnerungen als die Täter. Schmach zu erleiden – das haben wir auch von Grillparzers „Ottokar" erfahren –, setzt unserem Gedächtnis offenbar mehr zu als Schmähliches getan zu haben. Salomon Perel, ein deutscher Jude aus Peine bei Braunschweig, der als Kind mit seiner Familie rechtzeitig aus der Heimat geflüchtet war, wurde im Sommer 1941 von der Wehrmacht in der Sowjetunion eingeholt. Damals war er 16. Die drohende Ermordung vor Augen, gab er sich als Volksdeutscher aus und wurde, weil er inzwischen russisch konnte, Dolmetsch für die Einheit, die ihn gefangen hatte. Einige Zeit später landete er, von einem Offizier protegiert, in einer Eliteschule der Hitlerjugend. In die Geschichtsschreibung ist er daher als „Hitlerjunge Salomon" eingegangen. In dieser Schule, in ständiger Todesangst, sein beschnittener Penis könnte entdeckt werden, wurde Sally Perel zum überzeugten Nationalsozialisten. Über das Ende der 6. Armee vor Stalingrad – das hat er mir im Gespräch berichtet – habe er geweint wie die anderen Knaben. Bald nach der Befreiung hat Salomon Perel Europa verlassen und ist nach Israel ausgewandert. Aber dort hat er seine Geschichte niemandem erzählt. Wahrscheinlich hätte sie auch niemand hören wollen. Zu viele Opfer, zu viel belastende und beschämende Erinnerung. Es hat fast vier Jahrzehnte gedauert, bis es aus ihm heraus gebrochen ist: wie er in Todesgefahr ein jüdischer Nazi wurde. Zuerst hat er es seiner Frau und den Kindern erzählt und dann ein Buch darüber geschrieben.

Salomon Perels Leben nach dem Krieg war erträglich, ja sogar glücklich geworden, weil er in der neuen Heimat, unter völlig geänderten Lebensumständen, für lange Zeit radikal vergessen konnte. Denn Vergessenkönnen ist zuweilen eine Gnade, die wir dem Opfer zubilligen. Und Vergessenmüssen ist zuweilen die Voraussetzung, damit sinnvolles Handeln überhaupt möglich wird. Die Universitätsprofessorin Sumaya Farhat-Naser aus Birzeit in der Westbank hat mir dazu einmal folgende Geschichte erzählt: Sie gehörte zu jener kleinen Gruppe palästinensischer Frauen, die bereits in den 80er Jahren verbotene Gespräche mit jüdischen Frauen aus Israel aufgenommen hatten. Das war lange vor den Osloer Geheimverhandlungen. Am Anfang sei es schrecklich gewesen. Die friedenswilligen Frauen verbrachten Stunden und Stunden damit, einander zu erzählen, was ihnen und den ihren von der Gegenseite angetan worden war. Und das Hoffnungslose daran: alle hatten recht! Endlich beschlossen die Frauen, damit aufzuhören und sich die Erinnerung zu verbieten und ausschließlich über die Probleme von heute und morgen nachzudenken. Das war ein radikaler Entschluss. Er wäre nicht möglich gewesen, hätten sie einander nicht vorher lange zugehört – respektvoll, doch mit wachsender Ungeduld. Denn das Erinnern lähmte und Vergessen schien der einzige Weg. Eine zeitweilige gnädige Amnesie.

Ganz offensichtlich gibt es in der Geschichte Situationen, in denen ein vorübergehender Verlust der Erinnerung für Menschen und ganze Gesellschaften überlebenswichtig sein kann. Weil sie nur so zum Handeln fähig sind. Überlebenswichtig ist aber auch das historische Gedächtnis, die Erinnerung an Erlebtes, Erlittenes, selber Verübtes. Ein unauflöslicher Widerspruch.

Wie gelang in Österreich der Wiederaufbau nach dem Krieg: den Blick starr nach vorne gerichtet, nur nicht zurückschauen, arbeiten, verzichten, sich anpassen, nicht fragen, nicht darüber reden. Kein schöner Anblick, aber das war der Weg zum Erfolg: Kaprun! Die Pummerin! Staatsvertrag! Ottokar und Fidelio, Burg und Oper! Toni Sailer! Das Wirtschaftswunder! Es war eine Kette, die nicht mehr abzureißen schien – ein Erfolg, mit dem nach dem bettelarmen Beginn 1945 und angesichts der Erfahrungen der Zwischenkriegszeit niemand rechnen konnte. Und noch dazu in so kurzer Zeit! Um 1960 war das willentliche Vergessen des Vergangenen im erfolgstrunkenen Österreich auf dem Höhepunkt angelangt. Helene Maimann, eine Mitgestalterin der Ausstellung „Das Neue Österreich", hat in ihrem Referat am Zeitgeschichtetag 2001 in Klagenfurt dafür den Begriff „beschweigen" verwendet. Den finde ich zutreffender als „verschweigen", weil das von Maimann verwendete Wort deutlich macht, dass es sich hier um einen aktiven Vorgang handelt und keineswegs um einen Prozess, der im Unbewussten abläuft. Deswegen ist ja der terminus „verdrängen" so falsch. Denn das Verdrängte ist weg. Das war aber in Österreich nicht der Fall. Hier wurde das Vergangene nur „beschwiegen". Und wer etwas „beschweigt", weiß in Wirklichkeit ganz genau, worum es geht. Er sagt es nur nicht – aus welchen Gründen auch immer.

Aber natürlich bleibt solches nicht ohne Folgen, es prägt. Und es rächt sich. Daher diese ewig gereizte, zutiefst verunsicherte Selbstzufriedenheit im Land. Diese ständig sprungbereite Wut, wenn Kritik aufkommt. Österreich zuerst! Österreichvernaderer! Schulterschluss! Phrasen der regierenden Politik, die von einem beträchtlichen Teil der Bevölkerung bereitwillig aufgenommen werden. Deswegen sind wir auch so leicht zu beleidigen. Denn in Österreich, dessen Identitätsschwäche vor dem Nationalsozialismus ohne Zweifel selbstbeschädigend gewesen war, hat sich nach geglückter Selbstfindung ab 1945 – offenbar als entgleiste Lehre aus der Vergangenheit – ein übersteigerter Nationalismus breit gemacht, dessen Intensität international wenig Vergleichbares kennt. Oliver Rathkolb beschreibt das in „Die paradoxe Republik", und eine neue Umfrage, die das „profil" am 23. Mai 2005 publiziert hat, bestätigt es: im internationalen „stolz auf ihr Heimatland"-ranking liegen wir an 4. Stelle, weit vor den Franzosen, ganz zu schweigen von den Deutschen, die wir zumindest in diesem Match haushoch schlagen. So stolz sind wir auf unser Österreich.

Daran sollten wir denken, wenn wir über die Wut der Künstlerinnen und Künstler reden. Es gibt vermutlich kaum ein Land auf der Welt, das von seinen eigenen Schriftstellerinnen und Schriftstellern so grundsätzlich und kompromisslos kritisiert wird wie Österreich – zur Freude bundesdeutscher Verlage und ihrer Leser, ganz nebenbei gesagt. Die Kritik hängt natürlich mit dieser dreisten Selbstzufriedenheit und diesem aggressiven Nationalismus zusammen, dessen wütendste Verfechter ausgerechnet die Freiheitlichen geworden sind – früher deutschnational, heute österreichnational, Hauptsache national. Das macht es für die, die patriotisch sein wollen, nicht einfach, in diesem Land einen ganz normalen unaufgeregten Patriotismus zu entwickeln, der weder lächerlich noch abstoßend sein will.

Die Kritik der Künstler hängt auch damit zusammen, dass über Österreich und seine Vergangenheit und seine notorische Unschuld von 1945 bis zum Streit um Waldheim so unendlich viel gelogen worden ist. Das war wirklich schwer zu ertragen. Allerdings steht Österreich damit nicht allein. Mit der Ära des Nationalsozialismus hatten nachträglich auch andere Staaten ihre Probleme, allerdings nicht so gravierende wie Österreich. Ohne hier weiter ins Detail gehen zu wollen: Frankreich und Holland mussten sich – allerdings auch recht spät – mit Kollaboration und Judendenunziation in ihren Ländern befassen, England mit dem Bombenkrieg gegen Deutschlands Städte und die USA mit der Frage, warum sie die Gaskammern von Auschwitz-Birkenau und die Gleise dorthin nicht bombardiert haben, obwohl ihre Luftwaffe dazu in der Lage gewesen wäre.

Und außerdem gibt es Staaten, die später in eine ähnliche Lage geraten sind wie Österreich 1945: Spanien nach dem Tod Francos 1975 zum Beispiel. Um eine Demokratie aufzubauen, mussten zunächst einmal die vorangegangenen Jahrzehnte vergessen werden: der Bürgerkrieg, die grausame Rache der Sieger, die Franco-Diktatur. Weil aber Vergessen nicht möglich war, sollte zumindest möglichst wenig darüber geredet werden, möglichst wenig darüber geschrieben werden und wenn doch, dann in möglichst versöhnlichem Tonfall. Mit einem Wort: Ein Tabu wurde aufgebaut, Schweigen und Lügen war angesagt. Erst vor wenigen Wochen, 30 Jahre nach dem Tod des Diktators, wurde in Madrid gegen den Willen der Konservativen das letzte Franco-Denkmal abgetragen – nicht unter öffentlichem Beifall, sondern in einer Nacht- und Nebelaktion, lese ich. Und nun wird darüber diskutiert, ob die Zeit schon reif sei, der Vergangenheit ins Antlitz zu blicken, und das hieße konkret: die Massengräber zu öffnen, in denen die verscharrten Opfer liegen, die von Francos Anhängern noch nach dem Bürgerkrieg ermordet worden sind. Mit dem Öffnen der Gräber wurde zwar schon begonnen, aber bis jetzt ist das Privatinitiative, vor allem der Angehörigen, und wird auch privat finanziert. Die Frage lautet nun: Hält das Land diese Bilder schon aus und auch das Leid, das neuerlich aufbricht, wenn die Leichen identifiziert werden? Oder ist es noch zu früh für die Erinnerung? Verständlich, dass es vor allem das katholisch-konservative Lager ist, das entschieden dafür plädiert, die Ermordeten ruhen zu lassen. Denn Erinnerungspolitik ist Politik.

Und dass man Bosnien und dem Kosovo heute nichts dringender wünschen würde als eine zeitweilige gnädige Amnesie, liegt auf der Hand. Denn ohne zeitweiliges Vergessen scheint Verständigung ausgeschlossen. Das Wort „zeitweilig" ist dabei von entscheidender Bedeutung. Es geht nicht darum, die Vergangenheit endgültig entsorgen zu wollen. Noch einmal: es geht um ein vorübergehendes Zurückdrängen der Erinnerung, nicht um das Auslöschen von Geschichte oder die Zerstörung unseres Gedächtnisses. Das wäre dumm und unmoralisch. Und außerdem: es funktioniert ohnehin nicht.

Sie kennen vielleicht die Geschichte jenes monumentalen Gemäldes, das im Sitzungssaal des Rathauses von Waidhofen an der Ybbs hängt und Waidhofen im Fahnenschmuck zeigt. Christoph Ransmayr hat über das Bild geschrieben in seinem Mostviertelessay „Die vergorene Heimat". In der Ausstellung „Kunst und Diktatur" im Wiener Künstlerhaus 1994 wurde es gezeigt und im Katalog darüber berichtet. Gemalt hat es 1944 ein Professor der Reichshochschule für angewandte Kunst in Wien, der dort die Werkstätte für Volks- und Brauchtum leitete. Der Originaltitel des Bildes lautet: „Das schaffende und feiernde Waidhofen". Das Auffallende daran sind die vielen Fahnen, 19 insgesamt: natürlich Hakenkreuzfahnen.

Das war 1944. Ein Jahr später kamen die Russen. Die Waidhofner wollten ihr Bild durch Zerschneiden retten, damit - nach Weglassung dieser ominösen Fahnen – die Schönheit der Heimat wenigstens zerstückelt erhalten bliebe. Der russische Stadtkommandant jedoch, dessen ästhetischen Vorstellungen das Bild offenbar voll und ganz entsprochen hat, entschied anders: „Das schaffende und feiernde Waidhofen" möge der Nachwelt als Ganzes erhalten bleiben. Aber die Hakenkreuzfahnen, befahl der Kommandant, müssen natürlich weg, die müssen rotweißrot übermalt werden, „so dass" – wie es die junge Übermalerin, eine Waidhofner Kunststudentin, später formuliert hat – „so dass es in die Jetztzeit passt". Anschließend wurde daher alles Anstößige überpinselt, nicht nur die Fahnen. Der Reichsadler musste überhaupt weg und natürlich die vielen NSDAP-Uniformen. Aus den Uniformierten wurde eine Trachtengruppe, daneben frohe Heimkehrer. Und was früher wie Deutscher Gruß aussah, ist nun ein Winken, das der Familie gilt. Alles in allem: aus glücklichen Nazis wurden glückliche Österreicher. Christoph Ransmayr beschreibt den Vorgang auch in „Morbus Kitahara". Da heißt es im Roman: „Die Mutter saß und malte und ersetzte die schwarze Uniform Pinselstrich für Pinselstrich durch einen Lodenanzug mit Hirschhornknöpfen und die Schirmmütze durch einen Filzhut, dem sie ein Sträußchen Heidekraut aufsteckte."

Genau so hat es sich zugetragen, und wäre die Geschichte hier zu Ende, wäre sie nicht weiter berichtenswert. Denn so oder so ähnlich hat es sich bekanntlich fast überall im Land abgespielt: die fatale Vergangenheit wurde zugedeckt, statt glücklicher Nazis glückliche Österreicher. Das alles wissen wir längst. Aber diese Geschichte ist hier nicht zu Ende, denn: die Hakenkreuze unter der rotweißroten Übermalung kamen immer wieder durch und bildeten mit dem darüber liegenden Rotweißrot eine fatale Einheit. Mehrmals musste das Bild neuerlich übermalt werden, bis endlich Ruhe war und das Rotweißrote alle Spuren der Vergangenheit endgültig zugedeckt hatte.

Die Symbolkraft dieser Geschichte rund um ein künstlerisch völlig unbedeutendes Bild muss nicht weiter erläutert werden, sie liegt auf der Hand. Das kollektive Gedächtnis in Österreich hat sich jahrzehntelang erfolgreich dagegen gewehrt, den Nationalsozialismus als Teil der eigenen Vergangenheit anzunehmen. Ich selber hatte – ohne mir dessen bewusst zu sein – als Student der Geschichte daran meinen Anteil: 1963 hatte ich beschlossen, mich der Zeitgeschichte zuzuwenden. Die wissenschaftliche Befassung mit Österreichs Erster Republik hielt ich für einen Ausgang aus selbstverschuldeter Unmündigkeit. Das Schweigen brechen! So pathetisch das heute klingt, aber das war der Vorsatz. Und die massive Abwehr bei vielen älteren Zeitgenossen, wenn die Themen Zwischenkriegszeit und Nationalsozialismus zur Sprache kamen, schien mir recht zu geben.

Zu der Zeit, also Mitte der 60er Jahre, erhielten einige Studenten, darunter auch ich, die Genehmigung, für ihre Dissertation Archivmaterial der Zwischenkriegszeit einzusehen. Und wir waren wild entschlossen, die Verdrehungen und Verharmlosungen der sogenannten „Koalitionsgeschichtsschreibung" der ersten beiden Jahrzehnte nach 1945 zu „entlarven", wie das damals hieß – also aufzudecken, wie sehr sich die Geschichtsschreibung nach 1945 dem Staatsziel unterworfen hatte, die Schuld am Scheitern der Ersten Republik auf alle Lager möglichst gleichmäßig zu verteilen, um so ihren vaterländischen Beitrag zu leisten, damit die Bürgerkriegsparteien von 1934 ab 1945 gemeinsam regieren konnten. Dazu musste einiges ziemlich zurechtgebogen werden und allzu genaues Hinschauen war kontraproduktiv. Und jetzt kamen wir! Alle Geschichtslügen wollten wir aufdecken, wobei unser besonderes Interesse dem Katastrophenjahr 1934 galt und seiner Vorgeschichte: der Dollfuß-Diktatur, der Ausschaltung von Parlament und Verfassungsgerichtshof, schon davor der zunehmenden Radikalisierung nach dem Brand des Justizpalastes und dem Beginn der Weltwirtschaftskrise, und noch früher der Entstehung von Heimwehren und Schutzbund bald nach dem Ersten Weltkrieg, ebenso der Geschichte des Bundesheeres, das als bewaffnete Macht den Bürgerkrieg entscheiden sollte. Das waren zentrale Themenfelder. An 1938 und die nationalsozialistische Machtergreifung in Österreich dachten wir damals weniger. Das war nicht wirklich unser Thema.

Heute ist das schwer verständlich. Gerade wir, die wir die angehäuften Geschichtslügen aufdecken, das peinliche Schweigen brechen wollten, sind selber auf die zentrale Lüge in den frühen Jahrzehnten der Zweiten Republik hineingefallen: Wir haben den Nationalsozialismus damals nicht ausreichend als Teil unserer eigenen Geschichte begriffen. Das waren die Deutschen gewesen, die uns da mit hineingezogen hatten. Der Nationalsozialismus war daher eine deutsche Angelegenheit, wiewohl wir über Hitlers geistige Wiener Wurzeln durchaus Bescheid wussten und über die Begeisterung der vielen 1938 und über die massive österreichische Teilhabe an den Verbrechen des Regimes. Genaugenommen wussten wir alles – nicht die vielen Details, die heute erforscht sind, aber das große Ganze: Österreichs Anteil am Nationalsozialismus. Und trotzdem war das nicht unsere Geschichte. Wir haben es nicht kapiert. Und wenn ich sage „wir", dann meine ich, dass das damals, Mitte der 60er, nicht nur für mich galt, sondern auch für meine gleichgesinnten Freundinnen und Freunde im Institut für Zeitgeschichte. Erst später habe ich daraus gelernt, wie mächtig eine Staatsdoktrin wirken kann, auch bei jenen, die sich bewusst und mit rebellischer Geste gegen sie stellen und vielleicht gerade deswegen nicht imstande sind zu bemerken, wie tief sie selber die Doktrin verinnerlicht haben. Was doch schon damals offensichtlich gewesen wäre: wir haben es nicht gesehen.

Die Welt übrigens auch nicht – sieht man von den Vertriebenen ab, die das Jahr 1938 in Österreich erlebt hatten und nicht vergessen haben. Aber deren Erinnerung zählte lange Zeit nicht. Bei meinen Auslandsaufenthalten als Student habe ich daher immer Wert darauf gelegt, Österreicher und nicht Deutscher zu sein. Und ich bin gut damit gefahren. Natürlich nur bis zu Waldheim. Dann hat sich alles umgedreht. Ich saß – das war 1987 – in einem Taxi vom Kennedy Airport nach Manhattan und der Fahrer wollte wissen, woher ich komme. Ob das jener New Yorker Taxifahrer ist, habe ich mich gefragt, von dem man jetzt immer wieder in den österreichischen Zeitungen liest, weil er alle Österreicher mitten auf der Strecke aus seinem Taxi hinausschmeißt. Ich hab´s dann trotzdem riskiert und „Austria" gemurmelt. „Nice country", hat er gesagt.

Der Streit um Waldheim – aber das wissen Sie natürlich – war in Österreich ein Wendepunkt im öffentlichen Bewusstsein, eine Art Weggabelung. Ab da konnte sich jeder frei und bewusst entscheiden: ob er die Geschichte des Landes auch mit ihren kriminellen Anteilen zur Kenntnis nehmen will oder ob er weiterhin auf Österreich als „Opfer" setzt, was ein Teil des christlich-konservativen Lagers bis heute tut. Eine Minderheit sprach zu der Zeit sogar noch von „Ehre" und „Treue". Der Aufstieg der FPÖ ab 1986 mit allen diesen nazinahen Aussagen ihres Obmanns ist ohne den Streit um Waldheim und ohne die Wunden, die er geschlagen hat, nicht denkbar. Damals ist ein Riss durch das Land gegangen. Und was die tobenden Hakenkreuze auf dem Bild in Waidhofen betrifft, die immer wieder durchgebrochen sind: die stimmen in ihrer Symbolik voll und ganz auch nur bis zu Waldheim. Denn ab da wurde ohne Rücksicht auf verletzte Gefühle – das hat den Streit im Land so bitter gemacht – aufgedeckt und berichtet, sowohl von Historikern wie auch von Journalisten. Und die Hoffnung, Österreich könnte mit seiner nationalsozialistischen Vergangenheit für alle Zeiten unerkannt entkommen, war damit endgültig zerstoben. Denn bald ging es völlig zu Recht nicht mehr um Waldheim, sondern um das Land selbst – und nicht nur um die Nazigeschichte des Landes, sondern auch darum, wie die Zweite Republik damit umgegangen ist.

Seither hat Österreich in den westlichen Demokratien keinen guten Ruf, und das sind wir bis heute nicht wieder losgeworden. Das ist ein Problem für uns. Charles Ritterband zum Beispiel, der Korrespondent der Neuen Zürcher Zeitung in Wien, meint im Blick auf die Bundesräte Kampl und Gudenus, die Tatsache, dass Österreich noch heute und ausgerechnet in diesem Jahr „mit geistigen Überbleibseln von damals zu kämpfen hat, ... beschädigt in gravierendem Maße die Glaubwürdigkeit der österreichischen Demokratie". Und wenn der Bundeskanzler zu Ritterbands Kritik erklärt: „Da stelle ich mich schützend vor jeden Österreicher hin – wir brauchen keine Belehrungen von irgendwo", dann wird die Sache erst wirklich schlimm und blamabel.

Natürlich ist die Kritik von außen zuweilen überzogen und ungenau, aber eben davon hatten wir bis zu Waldheim profitiert: dass wegen der relativen Bedeutungslosigkeit des Landes niemand so genau hingeschaut hat. Doch einmal entdeckt mit unserer NS-Geschichte, wünschen wir uns nun das Gegenteil: Angesichts unseres schlechten Rufs hätten wir gern, dass jetzt genauer hingeschaut wird. Denn das Paradoxon besteht darin, dass jenes Klischee, das sich seit Waldheim international durchgesetzt hat: Österreich als das Land des Verschweigens und des Vergessens, eben seit Waldheim nicht mehr wirklich stimmt. Vorher war es richtig gewesen, aber da hat es international noch nicht existiert. Da ist man uns noch nicht draufgekommen. Mit anderen Worten: Was v o r Waldheim geschehen und nicht geschehen ist, fällt uns s e i t Waldheim auf den Kopf. Allerdings haben österreichische Politiker seit 1986 viel dazu beigetragen, um das böse Klischee international lebendig zu halten – und das meint nicht nur die geistige Linie von Haider zu Strache. Und wer sich nicht einmal heute dazu entschließen kann, ein Bündnis mit der Strache-FPÖ für die Zukunft definitiv auszuschließen, der ist sich selbst nichts wert, hat Michael Köhlmeier vor kurzem in einer bemerkenswerten Rede festgestellt. Da mag ein Zusammenhang bestehen: wer sich selber nicht achtet, der hat auch keinen Anspruch auf Achtung von außen.

Zurück ins Jahr 1986. Dabei sollte eines nicht übersehen werden: Es gab schon lange vor Waldheim historische Studien und journalistische Beiträge, die sich mit dieser beschwiegenen Geschichte befasst haben. Die wurden zur Kenntnis genommen, blieben jedoch ohne Wirkung. Statt dessen gab es von Zeit zu Zeit geschichtsbeschweigungsbedingte Explosionen, kleinere und größere, etwa 1961, als „Der Herr Karl" im Fernsehen ausgestrahlt wurde, oder 1975 beim Konflikt zwischen Wiesenthal, Peter, Kreisky, und sogar noch 1988, als im Burgtheater „Heldenplatz" von Thomas Bernhard uraufgeführt wurde. Gerade die Künstler haben in der Schweigezeit eine wichtige Rolle gespielt. Der erwähnte Streit 1975, als Kreisky Simon Wiesenthal infam beschuldigt hat, führte dazu, dass das Land von einer Woge des Antisemitismus überspült wurde, die danach wieder abgeebbt ist und in der Waldheimzeit mit verdoppelter Wucht wiederkam.

Das war 41 Jahre nach Kriegsende. Im Jahr davor gab es in der Bundesrepublik Deutschland Streit, als der damalige Bundeskanzler Helmut Kohl den amerikanischen Präsidenten Ronald Reagan aus Anlass des 40. Jahrestages des Weltkriegsendes auf den Soldatenfriedhof von Bitburg führte, auf dem auch 49 Männer der Waffen-SS begraben liegen. Das führte zwischen Deutschland und den USA, aber auch in Deutschland selbst, zu wütenden Auseinandersetzungen und gründlicher Befassung mit der Geschichte. Und der deutsche Bundespräsident Richard von Weizsäcker hielt am 8. Mai 1985 eine Rede, die allgemein als befreiend empfunden wurde in ihrer Einsicht in eigene Verstrickung und eigene Schuld. Darin heißt es: „Der 8. Mai war ein Tag der Befreiung." Und: „Schauen wir am heutigen 8. Mai, so gut wir es können, der Wahrheit ins Auge."

Es ist vielleicht kein Zufall, das es 40 Jahre nach Kriegsende diese intensive Diskussion in Deutschland gegeben hat und dass ein Jahr später die in Österreich begonnen hat. 40 Jahre scheinen ein geeigneter Abstand zu sein, um eigener fürchterlicher Vergangenheit ins Auge blicken zu können. Jahrzehnte früher wäre das kaum zu ertragen gewesen. Denn der Blick auf ein schreckliches Antlitz lähmt, mehr noch: er versteinert – wie der Blick auf das Haupt der Medusa. Aber nun, 40 Jahre danach, sind die Hauptbeteiligten tot, die Mitläufer, die nach dem Ende des Regimes Karriere gemacht hatten, können nichts mehr verhindern, weil auch ihre Zeit schon vorbei ist, und die Rücksicht auf jenen Teil der Bevölkerung, der einst vom Regime begeistert war, lässt nach, weil er ständig kleiner wird. Und dann kommen auch noch die Bücher. Die Zahl der Publikationen zum Thema Nationalsozialismus ist seit den 80er Jahren beträchtlich gestiegen. Denn nun soll alles erforscht werden, bis hin zur NS-Zeit im Stubaital. Nichts bleibt ausgespart. Als besonders hartnäckig hat sich dabei das Tabu betreffend Verbrechen der Wehrmacht erwiesen. Das wurde von der Wehrmachtsgeneration selbst und dann noch von deren braven Kindern wütend verteidigt und konnte erst 1995, also 50 Jahre nach Kriegsende, mit der Ausstellung des Hamburger Instituts für Sozialforschung aufgebrochen werden. Allerdings gab es ein Tabu, das noch länger gehalten hat: der Bombenkrieg gegen Deutschlands und Österreichs Städte. Gerade deswegen ist „Der Brand" von Jörg Friedrich 2002 ein solcher Erfolg geworden: weil mehr als ein halbes Jahrhundert danach endlich laut und öffentlich über den Horror geredet werden konnte, ohne gleichzeitig die nationalsozialistischen Verbrechen ständig mitdenken zu müssen und ohne Befürchtung, damit an das NS-nostalgische Milieu anzustreifen, das Dresden mit Auschwitz gleichsetzen will. Deswegen wurde auch „Vergeltung" von Gert Ledig neu aufgelegt, ein Roman, der mit bestürzender Sprachgewalt die Vernichtung einer deutschen Stadt aus der Luft binnen 60 Minuten beschreibt. Das wollten aber 1956, im beginnenden Wirtschaftswunder, wenige lesen. Der Abstand zum tatsächlichen Geschehen war zu kurz, die Erinnerung zu schmerzhaft. Die Erfahrung hat uns gelehrt: 40 Jahre danach ist der Streit zumindest aushaltbar geworden – auch wenn er die Gesellschaft immer noch spaltet, wie das in Österreich rund um Waldheim der Fall gewesen ist. Mit der Regierungsbildung des Jahres 2000 ist der Riss neuerlich aufgegangen und hat sich seither nicht wieder geschlossen. Wir sind kein einiges Volk.

Gerade deswegen ist die Frage interessant: Was hat denn dieses sogenannte Gedankenjahr gebracht? Wenig bis gar nichts, lautet die Antwort derer, die österreichische Geschichtsvergessenheit und die vielen Lügen, die unsere Vergangenheit hübscher machen sollen, im Blick haben. Und es stimmt ja: Natürlich ist auch 2005 fest gelogen worden. Erlauben Sie, dass ich mich hier selber zitiere. Im Mai 2005, unmittelbar nach dem Staatsvertragsjubiläum, schrieb ich im Feuilleton der „Presse“: „Soeben hat die Republik Österreich dem reichhaltigen Fundus ihrer Geschichtslügen eine weitere hinzugefügt: Nicht der 27. April 1945, also die Unabhängigkeitserklärung und das Wiedererstehen Österreichs, auch nicht der 8. Mai, die endgültige militärische Niederlage des nationalsozialistischen Deutschland, seien die wichtigsten Daten der Zweiten Republik, sondern der 15. Mai 1955, der Staatsvertrag mit dem nachfolgenden Abzug der Besatzungsmächte.

So wurde es durch Radio und Fernsehen, Zeitungen, Jubiläumsausstellungen, den Staatsakt im Belvedere und zahllose ‚Österreich ist frei‘ grölende Nebenveranstaltungen in die Herzen und Hirne der Österreicher gehämmert.“

Der frühere Bundeskanzler Vranitzky hat mehrmals auf diese drohende Übermalung im österreichischen Geschichtsbild hingewiesen und davor gewarnt, den Staatsvertrag so ins Zentrum zu rücken. Und natürlich sind daneben auch die alten Klischees wieder aufgetaucht. Das schon deswegen, weil Ausstellungen, aber auch andere Formen historischer Auseinandersetzung, die mit dem Jahr 1945 anfangen, geradezu zwangsläufig in Gefahr geraten, dem Mythos der „Stunde Null“ zu erliegen, wenn sie nicht ausdrücklich gegensteuern. Denn selbstverständlich war die „Stunde Null“ ein Lieblingsmythos der Zweiten Republik. Weil nämlich vor dieser „Stunde Null“ nichts gewesen ist. Zwischen Österreich I und Österreich II klafft ein Loch von 7 Jahren, in denen das Land und seine Menschen in einem Bermudadreieck verschollen waren. Und so entstand nach dem Krieg dieses vergessliche Klima, in dem die meisten so taten, als sei nichts gewesen. „Unter Mördern und Irren“ heißt Ingeborg Bachmanns berühmte Erzählung über Wien in der zweiten Hälfte der 50er, in der sie von „dieser jämmerlichen Einträchtigkeit“ spricht, die Täter und Opfer im Wirtshaus an einen Tisch treibt. Gerade die Schriftstellerinnen und Schriftsteller haben, was damals höhere Staatskunst im Dienste der Versöhnung war, besonders schlecht ausgehalten, weil dabei so viel gelogen werden musste: Ingeborg Bachmann, Ilse Aichinger, Hans Lebert, Albert Drach, Gerhard Fritsch, Fritz Hochwälder, Carl Merz und Helmut Qualtinger, der heute verstorbene Milo Dor gemeinsam mit Reinhard Federmann, um nur einige zu nennen, die früh darüber geschrieben haben.

Dabei soll auch nicht übersehen werden, dass diese Versöhnung ab 1945 ebenfalls ihre Opfer hatte, nämlich die Minderheit derjenigen, die schon davor Opfer geworden waren: Juden, Zigeuner, politisch und religiös Verfolgte, Slowenen, Wehrdienstverweigerer, Homosexuelle, sogenannte Asoziale, insgesamt alle, die nationalsozialistischer Verfolgung ausgesetzt gewesen waren. Die sollten nun schweigen um des inneren Friedens willen, sollten vergessen, um die Nationalsozialisten im Land nicht zu kränken, und gerieten an den Rand der Gesellschaft, wenn sie es nicht taten. Es hat lange gedauert, bis die Republik begonnen hat, ihre Heldinnen und Helden zu ehren – sofern sie noch am Leben waren. Und manche sind bis heute nicht rehabilitiert.

Dass die Ausstellung im Belvedere nicht mit 1945 beginnt, sondern mit 1914, also dem Anfang aller Katastrophen des 20. Jahrhunderts, und dass sie den Bogen spannt über beinahe ein ganzes Jahrhundert, das halte ich für wichtig. Das macht sie zur zentralen Ausstellung des Jahres. Und insgesamt meine ich – im Gegensatz zu vielen meiner Kolleginnen und Kollegen –, dass dieses Gedankenjahr durchaus stattgefunden hat, teils banal, teils hochinteressant, vielfältig und mit skurrilen Einschüben. Und sehr österreichisch. Wenn zum Beispiel der Bundesrat Siegfried Kampl in der Länderkammer für die Novelle zum Entschädigungsfondsgesetz gestimmt hat, dann begründete er das so: dies sei eine Wiedergutmachung für jene, „die bisher durch den Rost gefallen sind". Gemeint waren Juden. Nun haben uns zwar die Linguisten belehrt, dass die Formulierung „durch den Rost gefallen" nicht aus Auschwitz stammt, sondern ein älteres Sprachbild ist, aber wenn Sie mich fragen: ich vermute stark, dass Siegfried Kampl an dieser Debatte keinen Anteil hatte, dass im Gegenteil diese ganze Diskussion vollständig an ihm vorbeigegangen ist. Weder hat er jemals gewusst, dass man „durch den Rost gefallen" nicht mehr sagen darf, noch weiß er, dass man es in Linguistenkreisen neuerdings doch wieder sagen darf. Er hat vermutlich von all dem keine Ahnung. Alles, was er kennt, ist der österreichische Sprachgebrauch. Und der ist so, wie Siegfried Kampl redet. Und niemand denkt sich viel dabei. Aber ich sage jetzt nicht: Das ist Österreich. So ist das Land. Sondern ich sage:

Das ist a u c h Österreich.

Und deswegen hatten wir 2005 die Fälle Kampl und Gudenus. Die waren natürlich kein Betriebsunfall im Gedankenjahr, ganz im Gegenteil: Wenn in Österreich über Geschichte im 20. Jahrhundert nachgedacht wird, dann gehört dieses dazu. Ohne die beiden hätte etwas gefehlt. Denn derlei Selbstentblößung ist Geist von unserem Geiste. Und ganz nebenbei waren sie beide bis vor kurzem auch noch Stützen unserer Regierungskoalition, also alles eher denn Außenseiter. Wegen Siegfried Kampl, der gerade auf dem Sprung in eines der höchsten Ämter der Republik war, musste sogar die Verfassung geändert werden – ein klarer Fall von Anlassgesetzgebung, was seriöse Juristen ganz besonders ablehnen. Doch andernfalls wäre die Blamage der Regierung zur Blamage des ganzen Landes geworden. Daher mag man diese Geschichte ärgerlich oder peinlich oder enthüllend, vielleicht auch komisch, oder was immer finden – mag alles sein, aber: Zufall war es keiner. Und Kampl hat sicherlich zu Recht wiederholt darauf hingewiesen, wie viel Zustimmung er für seine Aussagen gefunden hat. Daher ist es ganz logisch, dass nun zum Ausklang dieses Jahres der frühere Präsident der Finanzlandesdirektion Kärnten auftritt und von der „Mauthausen-Lüge" spricht. Und die das behaupten, sind ja nicht irgendwer, sondern hohe Funktionäre der Republik. „Naturgemäß", hätte Thomas Bernhard gesagt. Noch einmal, ich sage nicht: Das ist Österreich. Ich sage: Das ist a u c h Österreich.

Daneben gibt es ein ganz anderes Österreich, das allerdings noch weniger mehrheitsfähig ist als die vorhin Genannten. Das sind diejenigen Menschen, die in diesem Jahr mehr geleistet haben, als sich ein bisschen den Kopf zu zerbrechen über richtiges Gedenken: die nicht nur nachgedacht, sondern auch etwas getan haben. Auf dem Volkertplatz im zweiten Wiener Gemeindebezirk wurde vor wenigen Wochen eine „Straße der Erinnerung" eröffnet, die jüdischen Bürgerinnen und Bürgern dieses Viertels gilt, die von den Nationalsozialisten deportiert und ermordet worden sind: Pflastersteine am Boden wurden mit kleinen quadratischen Messingtafeln überzogen, die eine Inschrift enthalten: Name, Geburtsdatum, Jahr und Ziel der Deportation, und – falls vorhanden: ermordet wann, wo. Die Ältesten waren über 90, die Jüngsten ein paar Wochen alt. Entstanden ist ein tief bewegendes Denkmal: man beugt sich vor, um zu lesen – man macht eine Verbeugung vor den Toten. Und gleichzeitig, weil es sich auf dem Boden befindet, ist es nicht zu übersehen – im Gegensatz zu einer Tafel an der Wand – und es ist vollständig in den Alltag der Menschen im Viertel eingebunden: man kann darüber hinweg schreiten, man kann sogar draufsteigen, die Kinder können mit dem Skateboard drüberfahren. Das ist nicht respektlos, sondern es ist das Leben – und es besagt, dass die lange beschwiegene Erinnerung an die Ermordeten zurückgekehrt ist. Sie haben hier gelebt und sie sind nicht vergessen.

Ich meine, dass dieses Gedankenjahr besser ist als sein Ruf. Es ist viel geschehen – wenn auch auf recht unterschiedlichem Niveau. Es gab Ausstellungen, Symposien und wissenschaftliche Tagungen, sogenannte Events, viele Publikationen und noch viel mehr einzelne Beiträge in den Printmedien und im ORF, am allermeisten im Radio Ö 1. Manches war hochintelligent, manches läppisch, viel Nostalgie natürlich, wofür sich gerade die 50er Jahre besonders gut eignen, viel Patriotismus, aber auch gescheite Polemik, es gab die alten Klischees und originelle Gedanken – und Parteipolitik gab es natürlich auch. Das muss ja sein. Aber dass zum Beispiel diese Ausstellung im Belvedere 300.000 Menschen gesehen haben, das lässt den Schluss zu, dass in ganz Österreich allein die historischen und kulturgeschichtlichen Ausstellungen, die es 2005 gegeben hat – viele zum Thema Alltagskultur –, von einer dreiviertel Million bis zu einer Million Menschen besucht worden sind. Wir wissen natürlich nicht, welche Wirkung das bei den einzelnen haben wird, aber es zeigt immerhin, dass ein beträchtliches Interesse vorhanden ist.

Es gab bemerkenswerte Diskussionen: eine, in deren Verlauf Andreas Khol ohne Umschweife erklärt hat, dass Engelbert Dollfuß das Parlament ausgeschaltet habe – also keine sogenannte „Selbstausschaltung" mehr –, dass er die Verfassung gebrochen habe und dass er eine Diktatur errichtet habe. Das ist in dieser Klarheit meines Wissens neu von Seiten der ÖVP und ist ein Beitrag dazu, dass die zwei gänzlich getrennten Narrative, die es in Österreich über diese Jahre gibt, einander ein wenig näher rücken können. Einen geschlossenen nationalen Konsens über gemeinsame Geschichte herstellen zu wollen, wäre ohnehin eine unsinnige Illusion. In der Geschichte gibt es keinen Schulterschluss. Der ist nur gewaltsam und zwangsverordnet in Diktaturen möglich – und auch da nur zum Schein. Kollektive Erinnerung in einer pluralistischen Gesellschaft ist widersprüchlich. Und dazu kommt auch noch, dass jede Epoche – je nach Interessen und Bewusstseinslage – für sich die Geschichte neu schreibt. Geschichte ist ein Konstrukt der Zeit – aber das wissen Sie.

Zum Schluss: Der Beitrag der Politik zu diesem Gedankenjahr ist nicht erfreulich. Da gab es einerseits die schon erwähnten verbalen Exzesse, die wenigstens eine unfreiwillig komische Seite hatten, aber da gab es auch den Wahlkampf der Strache-FPÖ in Wien, der grauenhaft war. Es gab das neu kodifizierte Asylgesetz 2005 und das Fremdenpolizeigesetz 2005 mit der Zwangsernährung. Dieses Asylgesetz sei „von einem pauschalen Misstrauen gegenüber Asylwerbern geprägt", stellte der UNHCR fest und resümierte: „Wir vermissen Menschlichkeit." Die Sozialdemokratie hat dennoch gemeinsam mit den Regierungsparteien gestimmt. Und nun gibt es diese Regierungsvorlage zum verschärften neuen Staatsbürgerschaftsrecht, die im Nationalrat von den Regierungsparteien beschlossen werden wird. Darin heißt es unter anderem: Wer in der Hauptschule in Deutsch durchfällt, kann nicht österreichischer Staatsbürger werden – außer er ist es schon. Dann darf er es bleiben. Das Gesetz trifft die, die die falschen Eltern haben. Ablehnungen des Entwurfs gab es von Seiten der Caritas, der Diakonie, des UNHCR, der Rechtsanwaltskammer. Aber das Gesetz wird beschlossen werden.

Soviel zur Politik und ihrer Lernfähigkeit in diesem Gedankenjahr. Dennoch: Österreich ist ein gut verwaltetes Land, in dem die Institutionen funktionieren – sieht man von einzelnen negativen Phänomenen ab wie etwa dem elenden Zustand des österreichischen Rechtsstaates. Österreich ist auch ein reiches Land. Eine Statistik dieser Ausstellung im Belvedere zeigt: Zu Ende der Ära Kreisky haben wir das Wohlstandsniveau der reichsten westeuropäischen Staaten erreicht und seit Anfang der 90er Jahre liegen wir sogar etwas darüber. Es besteht daher an sich kein Anlass, dass wir uns immer wieder wie die Trotteln in Europa aufführen. Aber um das zu ändern, bräuchten wir unter anderem, was uns trotz hervorragender Forschungsergebnisse und trotz Bemühungen in diesem Gedankenjahr noch immer nicht wirklich gelungen ist: dass wir unsere eigene Geschichte ohne Beschönigungsversuche zu betrachten lernen – was ganz offensichtlich auch international von uns erwartet wird. Und dass daher Rassismus und Xenophobie als nicht mehr paktfähig gelten. Das wäre die angemessene Lehre aus diesem Jahr für eine selbstbewusste Republik.

Univ.-Prof. Dr. Karl Aiginger, geboren 1948 in Wien, ist Leiter des Österreichischen Instituts für Wirtschaftsforschung (WIFO). Er ist Professor für Industrieökonomie und Wirtschaftspolitik an der Universität Linz und war Visiting Professor an der Stanford University, CA, USA (1982 und 2002), am Massachusetts Institute of Technology (MIT, 1991) und an der University of California Los Angeles (UCLA, 1997). Mitarbeit im Beirat für Wirtschafts- und Sozialfragen und beim Reformdialog; Projektleiter bzw. -mitarbeiter bei den European Competitiveness Reports seit 1998 (European Commission); Lead im Netzwerk „Wettbewerbsfähigkeit in der Wissensgesellschaft" (6. EU-Rahmenprogramm). Er ist Herausgeber des Journal of Industry, Competition and Trade (mit Andre Sapir) und Verfasser zahlreicher Publikationen.

Dr. Peter Huemer, geboren 1941 in Linz, studierte Geschichte, Germanistik und Kunstgeschichte an der Universität Wien. Er war ab 1969 Mitarbeiter in der Dokumentationsabteilung des österreichischen Fernsehens, leitete 1977–1987 den legendären „Club 2" und gestaltete dann bis 2002 die nicht minder bekannt gewordene Radioreihe „Im Gespräch". Für seine wissenschaftliche und journalistische Arbeit erhielt er zahlreiche Auszeichnungen, u.a.: Kunschak-Preis, Preis der Stadt Wien, Torberg-Medaille, Axel-Corti-Preis, Staatspreis für Kulturpublizistik.

Zu seinen bekanntesten Publikationen zählen: „Sektionschef Robert Hecht und die Zerstörung der Demokratie in Österreich" (1975), „Im Gespräch" (1993), „Warum das Fernsehen dümmer ist als das Radio" (2003). Daneben verfasste er eine Vielzahl von Buchbeiträgen zur österreichischen Geschichte im 20. Jahrhundert.

Botschafter a.D. Dr. Albert Rohan, geboren 1936 in Melk, war vor seiner Pensionierung Generalsekretär für auswärtige Angelegenheiten. Außenpolitischer Kommentator in Printmedien, Radio und Fernsehen im In- und Ausland. Vortragstätigkeit über die Entwicklung auf dem Balkan, die Situation im Mittleren Osten, Russland, die transatlantischen Beziehungen und Fragen der Europapolitik an international renommierten Universitäten und vor einflussreichen außenpolitischen Organisationen und Think Tanks. Er ist Autor des Buches „Diplomat am Rande der Weltpolitik" (2002), war Berichterstatter der Internationalen Türkei-Kommission der EU (2004) und ist nunmehr Stellvertretender UNO-Sonderbeauftragter für die Statusverhandlungen des Kosovo.

Ao. Univ.-Prof. DDr. Günter Haider, 1952 in Grein an der Donau geboren, leitet seit Beginn (1998) das für die PISA-Studie in Österreich zuständige Projektzentrum für Vergleichende Bildungsforschung an der Universität Salzburg. Er war für alle bisherigen Leistungsmessungen (COMPED, TIMSS, PISA und PIRLS) wissenschaftlich verantwortlich. Sein Name ist seit 20 Jahren daher eng mit der Entwicklung von Theorie und Praxis international vergleichender Schülerleistungsmessungen verbunden, deren Ergebnisse eine wichtige Grundlage für die zukünftige Qualitätsentwicklung und die Versachlichung bildungspolitischer Entscheidungen sind.

Der international renommierte Wissenschafter kennt auch die pädagogische Praxis gut, er war fünfzehn Jahre Lehrer an Volks- und Hauptschulen. Insbesonders als Nationaler Projektmanager für PISA 2000 und 2003 wurde er durch seine Analysen auch einer breiten Öffentlichkeit bekannt, er hat zahlreiche Publikationen zu Bildungsforschung und Schulqualität verfasst und nimmt in den Medien häufig, offen und in pointierter Form zu Sachfragen und Problemen unseres Bildungssystems Stellung, das er in wesentlichen Bereichen für reformbedürftig hält. Für das Bildungsministerium war er häufig beratend tätig, zuletzt als Vorsitzender der Zukunftskommission für die Reform des Schulwesens.